U0518690

在传统与现代性之间
原村新年仪式的变迁

张岳 著

知识产权出版社

全国百佳图书出版单位

图书在版编目（CIP）数据

在传统与现代性之间：原村新年仪式的变迁/张岳著. —北京：
知识产权出版社，2019.3

ISBN 978 - 7 - 5130 - 6065 - 3

Ⅰ.①在… Ⅱ.①张… Ⅲ.①春节—风俗习惯—研究—中国 Ⅳ.①K892.1

中国版本图书馆 CIP 数据核字（2019）第 019202 号

内容提要

作为一种集中了众多仪式的节日，春节是社会性生成的，它表征了社会结构，也
参与了社会结构的构建。考察春节意义（表现为"年味"）与仪式的变迁，当放诸具
体的社会情境中进行。原村春节仪式的变迁，包括集体性仪式在减少，主体单位在缩
小，理性化成分在增加，年味在变淡等，是社会变迁的一部分，是身边的国家力量、
市场机制、社会组织、社会关系等诸种因素各自变化并重新组合的结果。

责任编辑：石红华	责任校对：王　岩
封面设计：臧　磊	责任印制：孙婷婷

在传统与现代性之间：原村新年仪式的变迁

张　岳　著

出版发行：知识产权出版社 有限责任公司　网　　址：http：//www.ipph.cn

社　　址：北京市海淀区气象路 50 号院　邮　　编：100081

责编电话：010 - 82000860 转 8130　　　责编邮箱：shihonghua@ sina. com

发行电话：010 - 82000860 转 8101/8102　发行传真：010 - 82000893/82005070/82000270

印　　刷：北京虎彩文化传播有限公司　经　　销：各大网上书店、新华书店及相关专业书店

开　　本：787mm×1092mm　1/16　　　印　　张：9.75

版　　次：2019 年 3 月第 1 版　　　　　印　　次：2019 年 3 月第 1 次印刷

字　　数：126 千字　　　　　　　　　定　　价：46.00 元

ISBN 978-7-5130-6065-3

目　录

第一章　绪　论

第一节　"传统""传统的"与"传统性"

"子在川上曰:'逝者如斯夫,不舍昼夜。'""人生有代谢,往来成古今。"时间流逝不仅仅会造成个体生命层次上的消亡与更替,还会造成一些社会问题,如文化传承与文化危机、文化遗产保护、人口老龄化、代沟,等等。也就是说,人类社会不得不解决由于时间流逝和世代更替而造成的知识、规范、秩序等方面的断裂、更新与传承问题。

传统即是人类社会应对这些社会问题而自然产生的一种方法。从本质上说,传统是在时间流逝和人类社会世代更替中出现的一种被传承的客体,同时也是解决传承问题的一种方式。所以,传统既是一种具有一定客观性的、被传承之物,也是一种解决传承问题的方法。通过传承传统，人们能够在客观上部分地传承过去的知识、规范和秩序，在主观上将自己与过去联系在一起。"江山留胜迹，我辈复登临""羊公碑尚在，读罢泪沾襟"，人们在客观上传承了过去的胜迹、羊公碑以及关于羊祜的知识，同时也将自己与过去联系在一起，所以才会有与过去的前辈相对的"我辈"自称以及"读罢泪沾襟"的举动。

但是，传统从整体上被人们意识到，传统的传承成为一个"问题"或"被问题化"，乃是近代社会才出现的现象。在近代以前，传统的传承几乎是不证自明、不言而喻的，人们多秉承着"实质性传统"的态度，"赞赏过去的成就和智慧以及深深渗透着传统的制度，并且希望把世传的范型看作是有效指导"❶。虽然并不能说近代以前的社会是被传统完全统治的社会，但在近代以前的社会中，人们的知识与态度之来自传统的程度，以及社会秩序受传统支配的程度，是大大高于近代以来的社会的，至少在后者中，兴起了更多的"反传统主义"思想，例如科学主义、理性主义、自由主义、进步主义、无政府主义、虚无主义，等等。❷ 但也是在近代以来的社会中，传统在受到更多的责难、批判和背叛的同时，也受到更多的有意识的关注、拥护与践行，人们更迫切地希望从传统中吸取营养、获得能量，以应对他们所面临的问题。这似乎是一个对传统的"毁誉参半"的时代。例如，人们对于一些传统风俗、价值观念、行事方式等不屑一顾，如"重男轻女"的价值观；同时，却又对一些传统的技艺、艺术等比以往更为珍视，如传统书法。

事实上，不管人们对于传统的态度如何，是激烈批判的"毁"，还是热烈拥抱的"誉"，也不管人们是否意识到传统的存在，将传统的传承"问题化"，传统实际上从整体上说是不会被完全消除的，传统永远

---

❶ ［美］E. 希尔斯：《论传统》，傅铿、吕乐译，上海人民出版社1981年版，第27页。
❷ ［美］E. 希尔斯：《论传统》，傅铿、吕乐译，上海人民出版社1981年版，第309—318页。

是人类社会的一部分，是"人类社会结构的一个向度"，始终在自如地发挥着它的作用，因为传统本身是一种解决时间流逝和人类社会世代更替而造成的诸多问题的一种机制，除非人类能够打破自身世代更替的生物规律，或者在某一世代完全另起炉灶，传统就会持续存在下去，而因为前两点人类都不能够做到，所以传统于人类社会而言是永恒的，也是必需的。

第一位从整体上系统论述传统的学者希尔斯曾经总结了传统的稳定性和不可或缺性的原因，他认为原因主要有几个方面：一者，传统具有既定性和不可超越性，传统是人们生存和生活的基础和背景，传统先于每个时代的人们而存在，也让每个时代的人们接受最基本的社会化，使之成其为人。二者，传统关联着人们的现实利益，传统的守护和传承在很大程度上基于人们在政治利益、经济利益方面的考量，如通过弘扬传统来获得政权的合法性。三者，传统与认同密切相关，人们常常通过传统来标识、构建和认可自己的身份。例如，通过构建和认同于民族传统，人们标识和获得自己的民族身份，许多的传统，如本书所讨论的春节，被认为是民族文化的一部分，是民族构成中不可或缺的一部分。四者，传统可以为人们的生活提供便利性，传统的知识、规范可以指导人们在相同或相似情境下的行动，而不必再寻找替代方案。最后，传统自身拥有一定程度的神圣性，凝聚了人们的情感，因为穿越了时间的传统，时间久远本身就可能成为其合法性和神圣性的来源。❶

那么，如果要给传统下一个明确的定义，什么是传统呢？我们认为，所谓传统，就广泛的意义而言，就是指跨越了时间和世代更替而

---

❶ ［美］E. 希尔斯：《论传统》，傅铿、吕乐译，上海人民出版社 1981 年版，第 260—275 页。

传承下来的事物。从词源上说，"传统"的拉丁文为"traditum"，指的就是"从过去延传到现在的事物"。英文"tradition"一词的最基本的含义也是如此。在古代，汉语中的传统一词是一个相对狭隘的概念，常常指的是传承特定的"道统""治统"，即传承某种思想或传承帝王统治，如传承儒家孔孟道统。之后，传统的含义变得宽泛起来，逐渐将世代相传的许多事物都包含在内。因此，就此宽泛意义而言，"传统意味着许多事物"❶，"传统——代代相传的事物——包括物质实体，包括人们对各种事物的信仰，关于人和事物的形象，也包括惯例和制度。它可以是建筑物、纪念碑、景物、雕塑、绘画、书籍、工具和机器。它涵括一个特定时期内某个社会所拥有的一切事物。"❷

但这里有个值得注意的问题，"过去代代相传的事物"所指的时间到底有多长，是三五十年、一二百年，还是千年以上？到底一个事物，包括物质实体、信仰、惯例、制度等，传承了多久才能算得上或被认为是传统呢？很明显，根据定义，时间上至少应该是超过一个世代以上，因为传统是"代代相传的事物"，是人类社会为超越时间和人类世代更替而提供的一种问题解决方法。那么，传统就是指两代或两代以上传承下来的过去的事物。希尔斯将时间进一步进行了延长，他认为，"一种范型要被延传和继承多长时间，才能作为一个持续的实体被看作是传统呢？我们不可能对这一问题作出令人满意的回答"，但"至少要持续三代人——无论长短——才能成为传统"，"信仰或范型要成为传统，至少需要三代人的两次延传"。❸ 同时，希尔斯也解释了"代"的含义，他认为，"代"并不仅仅指的是人生更替的世代，而是指前后相续的任何两个群体，所以"代"或"世代"本身的时间长短不一，

❶ ［美］E. 希尔斯：《论传统》，傅铿、吕乐译，上海人民出版社1981年版，第15页。
❷ ［美］E. 希尔斯：《论传统》，傅铿、吕乐译，上海人民出版社1981年版，第16页。
❸ ［美］E. 希尔斯：《论传统》，傅铿、吕乐译，上海人民出版社1981年版，第20页。

"以一所学校为例……谈论教师的方式，或一种游戏的玩法，用年数计算，也许是很短暂的，但是，对其接受者来说，它可能是一种'老传统'。一旦在 10 年或 15 年内经历了从两年级学生到一年级学生这样 10 或 15 次的延传，在其继承者看来，它就是'自古有之的了'"。❶

总而言之，传统就是超越了时间流逝和人群更替而被传承下来的、过去的事物，包括物质实体、信仰、惯例、制度等，通常情况下应该被两代或两代以上的人群前后接续地传承若干次，而就其本质而言，传统是一种解决由于时间流逝和人群更替而产生的诸种问题的一种方法。

以上所讨论的"传统"，是一种"名词意义上"的传统。在汉语中，我们在使用传统这个词语的时候，有时候将之作为一个属性词，一个形容词来使用，例如，当我们说传统思想、传统工艺、传统剧目、传统剪纸、传统节日之类的短语的时候，其实都是在说"传统的"工艺、"传统的"思想、"传统的"剧目、"传统的"剪纸、"传统的"节日。在这种情况下，"传统的"指的是由过去传承下来的、与过去具有连续性和一致性的、"由传统的规则支配的""具有传统风格的"或"由传统技术造成的"这样的含义。"传统的"可以用来修饰和评价人，指人的价值观念、行为模式等服从传统规范或具有传统风格，也可以用来修饰和评判风俗和物品。在使用上，"传统的"常常与"现代的"或"现代性的"相对，人们常常以之将人和事物归类为两种不同的类型，同时也暗示"传统的"人或事物是与"前近代社会"紧密相连的，而"现代的"则是归属于今天的。而且，根据不同人的价值观念的不同，以及情境的不同，这种暗示所具有的价值评判也不同，那些对传统持有正向评价的人们，或者当人们处于需要某种传统的情境

---

❶　[美] E. 希尔斯：《论传统》，傅铿、吕乐译，上海人民出版社 1981 年版，第 20 页。

中的时候，如表达自己的民族自豪感的时候，人们会对"传统的"人和事物持一种正面的积极的评价，认为他们是宝贵的、不可或缺的和应该保存并传承的，而那些对传统持有负面评价的人们，或当人们处于需要蔑视传统的情境中时，如表明拥抱社会进步的决心的时候，人们就会认为"传统的"人或事物是落后的、无价值的、起阻碍作用的以及需要抛弃或改变的。另一个词汇"传统性"的内涵大致与"传统的"相似，正如有的学者所认为的那样，"传统性"这个概念的"难以界定众所周知……'传统性'约略指文化中那些能使人发现这个民族独特特性的、与其过去血脉相连的方面，涉及民族独特的哲学、宗教、语言、民情风俗、审美惯例和神话等。"❶

本书讨论"传统""传统的"与"传统性"，与本书的主旨有关。本书认为，春节既是一种"传统"，也具有"传统的"内容，其中的仪式具有一种"传统性"，特别是在本书所调查的、属于乡村地区的"原村"里的春节中。所以，本书所要讨论核心议题就是，作为中国汉族的一种重要传统的春节，其传统性的内容，特别是其中的传统性的仪式，是如何发生变迁的。

对传统的变迁问题，希尔斯也曾经进行了讨论。他认为，传统变迁的原因可能来自内部，也可能来自外部。具体来说，在传统的内部，存在着"理性化""效果考验""信任和情感的改变""克里斯玛人物""各种反传统主义的传统"等因素，可能造成传统的变迁。

所谓"理性化"指的是，"人类心智的创造力与传统内部的潜力相遇时"❷，在传统内部，人们发现传统有进一步修正的可能性，于是，人们不断地对传统进行弥补、改进和完善，使其不断地理性化，具有

---

❶ 王一川："传统性与现代性的危机——"寻根文学"中的中国神话形象阐释"，载《文学评论》1995 年第 4 期。

❷ [美] E. 希尔斯：《论传统》，傅铿、吕乐译，上海人民出版社 1981 年版，第 286 页。

更高程度的清晰性和内在的连贯统一。

所谓"效果考验"指的是，传统常常不断地被其拥护者所检验，如果传统不能够通过检验，并不能够让其拥护者获得传统所宣称的后果，如拯救或幸福，那么传统就会发生变迁，"各种信仰的传统也经历了变迁，这是其信徒对它们所提出的主张进行检验的结果。"❶

所谓"信任和情感的改变"指的是，人们对于传统的自然的、不言而喻的信任和情感发生改变，因此，人们会对传统产生疏离感，与之切割，甚至会放弃传统。

所谓"克里斯玛人物"，指的是由于具有克里斯玛的大人物的出现，由于其想象力和巨大的能力、能量，在其推动下，传统可能发生裂变，向着新的方向发展。例如，由于耶稣的出现，基督教脱离出犹太教传统，而朝着新的方向发展。

所谓"各种反传统主义的传统"指的是，在传统的内部，存在着以反对传统为核心主张的传统，如反规范主义、虚无主义、科学主义、进步主义等。这些反传统的传统对于传统变迁起到了促进作用，但它们并不能够完全脱离传统或消灭传统，而且它们本身也成为了传统。

导致传统变迁的外部因素主要有"与他者互动"和"外部环境变化"两类。所谓"与他者互动"指的是，在与不同群体不同传统的接触中，可能在彼此借用、对抗、冲突之中造成传统自身的变化。所谓"外部环境的变化"指的是，传统因为它们所在环境的变化而变化，"传统为了生存下来，就必须适应它们在其中运作，并依据其进行导向的那些环境"❷，这些环境包括政治环境、经济环境、技术环境等。

---

❶ ［美］E. 希尔斯：《论传统》，傅铿、吕乐译，上海人民出版社1981年版，第297页。
❷ ［美］E. 希尔斯：《论传统》，傅铿、吕乐译，上海人民出版社1981年版，第345页。

总体来说，虽然希尔斯对于传统变迁的讨论相对详尽，但基本上仍停留在现象层次上，这与社会学在讨论传统变迁时，将之与权力、市场、民族、阶层等联系在一起的做法具有一定的差异。

第二节 "现代性"概念及其理论

现代性是以"现代"为核心的一个概念，与"现代的""现代化""现代主义"等词语一样，都是表达某种与"现代"的密切联系。正如有的学者所认为的，"在环绕'现代'概念的语义丛中，最重要的一个成员无疑是较晚近才形成的'现代性'一词。……现代性广义地意味着成为现代（being modern），也就是适应现时及其无可置疑的'新颖性'（newness）"[1]。就此而言，"现代性"在使用上是与"传统""传统的"或"传统性"相对的一个概念。许多时候，人们在描述和评判某个或某些人或事物的时候，使用"传统"和"现代性"作为两端，为之设定一个连续统。例如，人们会说某种小说写作风格是传统的或者是现代性的，或者说处于传统和现代性之间。本书也是在这种意义上使用这两个概念。

根据哈贝马斯的研究，作为"现代性""现代化""现代主义"等概念的核心，"'现代'（modernus）一词最早出现在公元5世纪，意思是要把已经皈依'基督教'的现代社会与仍然属于'异教'的罗马社会区别开来。"[2] 自此以后，"现代"一词在西文中就成为了一种与"过去"决裂的概念，"打那以后，'现代'一词在内涵上就有意识地

---

[1] ［美］马泰·卡林内斯库：《现代性，现代主义，现代化——现代主题的变奏曲》，载汪民安等主编《现代性基本读本》，河南大学出版社2005年版，第250—251页。

[2] ［德］于尔根·哈贝马斯：《现代性的概念——两条传统的回顾》，载汪民安等主编《现代性基本读本》，河南大学出版社2005年版，第120页。

强调古今之间的断裂。'现代'一词在欧洲被反复使用，尽管内容总是有所差异，但都是用来表达一种新的时间意义。"❶ 但这时的决裂是以更远的过去时代为仿效榜样的，即以回到更远的某个过去时代来与刚刚过去的时代决裂，只有到了 18 世纪末，这种情况才发生改变，"现代"不再以效仿某个更远的时代的方式来与新近的过去决裂，而是以立足自身和面向未来的方式与过去决裂，"这样，'现代'世界与'古代'世界之间的对立，就在于它是彻底面向未来的。"❷

单就"现代性"这个围绕"现代"的术语之一而言，其流行的时间可以追溯到 17 世纪，"这个词从 17 世纪起在英语中流行，将近 18 世纪结束时霍勒斯波尔首次将它用在美学语境中"。"在法国，根据主要的法语历史词典，'现代性'（modernite）只是在 19 世纪前半期才被使用。"❸ 而关于"现代性"的讨论，在哈贝马斯看来，主要来自哲学和社会学领域，从 18 世纪后期开始，"现代性"就已经成为了哲学讨论的主要议题。自黑格尔以降，哲学通过关注"主体性和自我意识"关注到并讨论现代性，而在"20 世纪初，哲学和社会学之间出现分工"❹，"现代性"成为社会学讨论的最重要的主题。在很大程度上说，虽然"社会学是涉及很广又分歧甚多的学科"❺，但"我们也可以说社会学是研究社会'现代性'（modernity）的一套知识"❻，社会学经典

---

❶　［德］于尔根·哈贝马斯：《现代性的概念——两条传统的回顾》，载汪民安等主编《现代性基本读本》，河南大学出版社 2005 年版，第 120 页。
❷　［德］于尔根·哈贝马斯：《现代性的概念——两条传统的回顾》，载汪民安等主编《现代性基本读本》，河南大学出版社 2005 年版，第 121 页。
❸　马泰·卡林内斯库：《现代性，现代主义，现代化——现代主题的变奏曲》，载汪民安等主编《现代性基本读本》，河南大学出版社 2005 年版，第 250—251 页。
❹　［德］于尔根·哈贝马斯：《现代性的概念——两条传统的回顾》，载汪民安等主编《现代性基本读本》，河南大学出版社 2005 年版，第 125 页。
❺　［英］安东尼·吉登斯：《现代性的后果》，田禾译，译林出版社 2000 年版，第 9 页。
❻　金耀基："现代性论辩与中国社会学之定位"，载《北京大学学报（社会科学版）》1998 年第 6 期。

时期的学者们，如马克思、涂尔干、韦伯、齐美尔等，其理论的核心几乎都涉及对当时到来的"现代性"的理解和阐释。到了 20 世纪后半期，"后现代主义兴起"，哲学与社会学的分工终结，后现代主义"使用的是海德格尔（Martin Heidegger）和维特根斯坦（Ludwig Wittgenstein）的理性化批判概念"❶，"采用哲学批判和审美批判，而不是社会学批判"❷，对现代性继续进行讨论和批判，讨论的"中心从社会经济学的决策和政治决策转移到了文化现象上面"❸。总而言之，在哈贝马斯看来，哲学和社会学领域对于"现代性"的讨论和批判大致分为三个阶段，其中的"主力"，先是哲学，后来是社会学，再后来是哲学与社会学。

如果暂时抛开哲学，单就社会学而言，我们可以认为，社会学学者对于"现代性"的讨论有两个高潮时期。

一个高潮是经典社会学时期，当时的社会学的开拓者和奠基者们，如马克思、韦伯、涂尔干、滕尼斯、齐美尔等人，他们关注和讨论现代性，是因为他们身处于传统社会向现代社会的转型时期，他们深刻觉察到自己所处的社会与这之前的传统社会在许多方面的巨大差异。例如，"生活世界以一种令人眼花缭乱的方式失去了其一系列特征，比如亲近感、透明度、可靠性等"❹，由此，他们"立足于社会解体的经验和对普遍主义规范的破坏"❺，从自己的理解出发，各自从不同的角

❶ ［德］于尔根·哈贝马斯：《现代性的概念——两条传统的回顾》，载汪民安等主编《现代性基本读本》，河南大学出版社 2005 年版，第 125 页。

❷ ［德］于尔根·哈贝马斯：《现代性的概念——两条传统的回顾》，载汪民安等主编《现代性基本读本》，河南大学出版社 2005 年版，第 131 页。

❸ ［德］于尔根·哈贝马斯：《现代性的概念——两条传统的回顾》，载汪民安等主编《现代性基本读本》，河南大学出版社 2005 年版，第 129 页。

❹ ［德］于尔根·哈贝马斯：《现代性的概念——两条传统的回顾》，载汪民安等主编《现代性基本读本》，河南大学出版社 2005 年版，第 123 页。

❺ ［德］于尔根·哈贝马斯：《现代性的概念——两条传统的回顾》，载汪民安等主编《现代性基本读本》，河南大学出版社 2005 年版，第 123 页。

度来定义、理解和解释这个现代社会，如马克思提出和深入论述了资本主义，韦伯提出了"合理化"的概念，涂尔干主张"工业主义"。他们有他们的经验基础和深刻的立场，但由于时代局限以及他们与事实太近的缘故，他们的理论有许多模糊和可商榷的地方。例如，他们的讨论都有简化论的倾向或者说是缺点，"社会学中最著名的理论传统，包括那些从马克思、涂尔干和韦伯的著作引申出来的观点，在解释现代性的性质时都倾向于注意某种单一的驾驭社会巨变的动力"❶。这一时期所讨论的"现代性"被称为"古典现代性"❷ 或"早期现代性"❸ 或"固态现代性"❹。

　　另一个高潮是后现代主义兴起以后，社会学领域里的一些学者重新开始审视我们的时代及其特征，重新思考"现代性"问题，"现代性问题之再成为人文学界与社会科学界论述的主题，与'后现代主义'（post–modernism）之兴起有微妙的关系。正因为后现代主义对现代主义的挑战，开启了现代性/后现代性的论辩"❺。在这一时期，后现代主义发出了"现代性终结"的宣告，"后现代主义者认为现代性的视野已关闭，它的精力已耗尽——即是说，现代性已过时了"❻。面对这样的宣告或观点，不少社会学者，如哈贝马斯、吉登斯、鲍曼等，提出了对于"现代性"的新的理解，重新剖析也在某种程度上捍卫了"现代性"。例如，哈贝马斯提出了"新古典主义的现代性"和"交往理

---

❶　［英］安东尼·吉登斯：《现代性的后果》，田禾译，译林出版社2000年版，第9页。
❷　［德］于尔根·哈贝马斯：《现代性的概念——两条传统的回顾》，载汪民安等主编《现代性基本读本》，河南大学出版社2005年版。
❸　［英］安东尼·吉登斯：《现代性的后果》，田禾译，译林出版社2000年版。
❹　齐格蒙特·鲍曼：《流动的现代性》，欧阳景根译，上海三联书店2002年版。
❺　金耀基："现代性论辩与中国社会学之定位"，载《北京大学学报（社会科学版）》1998年第6期。
❻　金耀基："现代性论辩与中国社会学之定位"，载《北京大学学报（社会科学版）》1998年第6期。

性"，吉登斯提出了"晚期现代性"，鲍曼提出了"流动现代性"。

具体来说，在经典社会学时期，马克思采用历史唯物主义和辩证唯物主义，根据生产力和生产关系之间的矛盾运动来设定人类社会发展的路线与阶段，由此认为，现代社会是人类社会发展的新阶段——资本主义社会，"现代性"的根本特征是"资本主义"。在经济领域中，资本主义表现为资本与雇佣自由劳动的结合，通过看似自由的劳动契约的形式，资本获得了自由劳动力，通过生产、销售、消费等经济环节，资本获得了劳动力所创造的价值中的剩余价值部分，从而获得了自身的保值和增值。资本主义社会由此出现了两大对立的阶级——资产阶级和无产阶级。在经济基础决定上层建筑的规律下，现代资本主义社会中的法律、道德等也呈现出"资本主义"特征，是一种为资产阶级利益服务的意识形态。

韦伯对现代性的诊断是以"合理化"为核心的，也就是以"目的理性的普遍化和制度化"为核心。韦伯认为，存在着两种社会，一种是陷在传统的罗网中的社会，一种是现代社会。韦伯虽然承认经济因素在社会秩序和发展中的作用，同时也承认资本主义是现代社会的一个核心因素，但他对资本主义的理解和解释更为多元，在他看来，现代资本主义的形成是由多方面的因素构成的，这包括新教伦理、自由劳动、公民身份、官僚体制国家、可计算的法律等。❶ 特别是新教伦理，它让原来在传统社会中受到普遍贬抑的"目的理性"获得了正向价值，"新教伦理培养起了一种合理的生活方式，并进而确保目的理性行为方式能够扎根到价值性当中"❷。由此，更进一步，韦伯认为现代

---

❶ 兰德尔·柯林斯：《韦伯晚年的资本主义理论：体系化》，载马克·格兰诺维特、理查德·斯威特伯格主编《经济生活中的社会学》，瞿铁鹏、姜志辉译，上海人民出版社 2014 年版，第 417 页。

❷ ［德］于尔根·哈贝马斯：《现代性的概念——两条传统的回顾》，载汪民安等主编《现代性基本读本》，河南大学出版社 2005 年版，第 126 页。

资本主义所具有的"理性"及其制度化——对自由劳动的理性组织，只是"现代性"的一个方面。在现代社会里，在政治领域、文化领域里也明显地表现出这种"理性化"：在政治领域中，国家权力运作采用科层制的形式；在文化领域中，存在着"祛魅"和世俗化的现象与过程。也就是说，韦伯认为现代性的最大特征就是理性化，更准确地说就是目的理性的盛行及其制度化，最明显地表现在权力和经济两个领域，即在国家的官僚机关和经济领域的现代企业组织中，两者实行的都是充满了目的理性的科层制，"韦伯则认为，社会现代化就是目的理性行为的制度化，而且首先是反映在国家和经济这两个富有活力的核心部门当中。"❶

涂尔干认为，现代社会是一个基于复杂的劳动分工和专门化之上的工业主义的社会。他认为，人类社会就如同一个有机体，由于劳动分工的发展，人类社会从一个简单分化的、总体性的机械团结的社会，发展成一个分工复杂的、彼此异质却彼此需要的有机团结的社会，在这个过程中，通过劳动分工和工业对自然的开发，人类的需要得到更为有效率的满足。同时，统一的社会意识、规范和道德将被立足于不同职业的职业意识、规范和道德所代替。

齐美尔从个体体验和社会交往形式的角度来诊断现代社会。在他看来，现代社会具有瞬时性、碎片化、物质性、专业化、非人格化等特征，因此人们的社会交往呈现出冷漠、克制、表层化、世故、精于算计等特征。

在后现代主义兴起之后，哈贝马斯提出了"新古典主义现代性""交往理性"和"重建现代性"等观点。他认为，应该重新审视和检

---

❶ ［德］于尔根·哈贝马斯：《现代性的概念——两条传统的回顾》，载汪民安等主编《现代性基本读本》，河南大学出版社2005年版，第126页。

讨过往哲学与社会学领域中的学者对于"现代性"的诊断。他通过分析和批判地继承自黑格尔以来诸多学者对于现代性的分析和理解，认为我们所面对和讨论的现代性，是一种面向未来的"反思"现代性，其最根本的特征就是与"主体性"相关联的理性，"现代性必须根据自己所剩下的唯一的权威，即理性，来巩固自己的地位"❶，"也只有依据理性，前无古人、后无来者的现代性才能寻找自己的前进方向"❷。但不幸的是，在这个过程中，"反思和目的合理性取代了理性"，知性活动"篡夺了理性的位置"❸。由此出现了理性崇拜。而在哈贝马斯看来，反思和目的合理性只是理性的一个方面，并不是理性的全部，在现代人类社会分化为不同领域的前提下，需要重建理性。"因此，我们如果想要继续从自我批判的角度搞清楚现代性，就必须另换一种理性概念，这就是体现在语言当中的'具体'理性。"❹

　　所谓具体理性，就是交往理性。在哈贝马斯看来，无论韦伯还是西方马克思主义者如卢卡奇、霍克海姆等，还是后现代主义对于现代性的理解和批判都是有问题的，首先他们都将工具理性等同于理性的全部，这种错误导致他们由此出发而对现代性所做的诊断和批判也是错误的。例如，在哈贝马斯看来，后现代主义对于普遍主义话语的批判未免矫枉过正了。他认为，虽然"普遍主义话语常常被用来作为遮蔽社会暴力、政治暴力、知识暴力以及文化暴力的工具，这个事实并不足以说明，一定要对于这些话语相关的承诺本身也加以修正——基

---

❶　[德]于尔根·哈贝马斯：《现代性的概念——两条传统的回顾》，载汪民安等主编《现代性基本读本》，河南大学出版社 2005 年版，第 122 页。
❷　[德]于尔根·哈贝马斯：《现代性的概念——两条传统的回顾》，载汪民安等主编《现代性基本读本》，河南大学出版社 2005 年版，第 124 页。
❸　[德]于尔根·哈贝马斯：《现代性的概念——两条传统的回顾》，载汪民安等主编《现代性基本读本》，河南大学出版社 2005 年版，第 124 页。
❹　[德]于尔根·哈贝马斯：《现代性的概念——两条传统的回顾》，载汪民安等主编《现代性基本读本》，河南大学出版社 2005 年版，第 120 页。

本这一实践同时还提供了标准和工具——来阻止人们认真履行承诺。"❶
总而言之，哈贝马斯认为，现代性是基于与主体性和自我意识相关涉
的"理性"而发展起来的，但"理性"并不等同于"目的理性"，后
者只是前者的一个组成部分，基于捍卫理性的立场，他认为现代性需
要也可以通过"交往理性"而获得重建。

与哈贝马斯一样，吉登斯同样认为现代性并没有终结。在他看来，
"我们实际上并没有迈进一个所谓的后现代性期，而是正在进入这样一
个阶段，在其中现代性的后果比从前任何一个时期更加剧烈化更加普
遍化了。"❷ 因此，现在需要做的并不是抛弃"现代性"，而是重新审
视和理解"现代性"。"为了分析这种状况是怎样形成的，仅仅发明一
些诸如后现代性和其他新术语是不够的；相反，我们必须重新审视现
代性本身的特征。"❸ 由此，吉登斯从制度的角度提出了关于现代社会
的断裂论解释，在他看来，所谓现代性，"指社会生活或组织模式，大
约17世纪出现在欧洲，并且在后来的岁月里，程度不同地在世界范围
内产生着影响。"❹ 在回顾、总结和批判了经典社会学时期的学者们，
如马克思、韦伯、涂尔干等人的关于现代性的理解和阐释之后，吉登
斯综合了他们的观点，并在此基础上进行发挥，提出了关于"现代性"
的多维制度论。吉登斯认为，现代性具有多维性，"现代性在制度性的
层面是多维的"❺。

从制度上看，现代性包括有四种相互勾连的设置：资本主义、监
督、军事力量和工业主义。其中，"资本主义"指的是一种商品生产的

---

❶ ［德］于尔根·哈贝马斯：《现代性的概念——两条传统的回顾》，载汪民安等主编
《现代性基本读本》，河南大学出版社2005年版，第132页。
❷ ［英］安东尼·吉登斯：《现代性的后果》，田禾译，译林出版社2000年版，第3页。
❸ ［英］安东尼·吉登斯：《现代性的后果》，田禾译，译林出版社2000年版，第1页。
❹ ［英］安东尼·吉登斯：《现代性的后果》，田禾译，译林出版社2000年版，第1页。
❺ ［英］安东尼·吉登斯：《现代性的后果》，田禾译，译林出版社2000年版，第10页。

体系，以私人占有的资本和被雇佣的"自由"劳动之间的关系为核心，这让在资本主义体系下的阶级关系纯粹由经济关系来决定。这一维度主要来自马克思。"工业主义"指的是，在商品生产过程中，依靠技术和机械手段，以规范化的组织模式，达到对物质世界中非生命资源的利用。❶ 这一维度主要来自涂尔干。"监督"指的是，以对信息的控制为基础，对人类个体进行行为上的指导，监督可以是直接的，也可以是间接的，但主要是间接的。这一维度主要借鉴了韦伯、福柯等人的思想。"军事力量"指的是，在现代社会中，现代民族国家在自己的、明确的领土范围内，实现了对暴力工具的垄断，并将军事与工业主义结合起来，造成了"战争工业化"现象。这一维度是吉登斯在综合前人的思想观点基础上所提出来的。四种制度之间是相互勾连，相互影响，共同发挥作用的。而在这四种制度的背后，是"现代性动力论的三种来源：时—空伸延、脱域机制和反思特性"❷。

在吉登斯看来，"时—空伸延"对于现代性的扩张，对于现代性所带来的后果，都是至关重要的；所谓"时—空伸延"指的是，在现代社会中，由于统一的、标准的、客观的和外在的计时制度的发展，时间变得"虚化"——脱离了场景与空间，这又导致了空间的"虚化"，即空间与地点或场所的分离，而在时间、空间"虚化"和"彼此分离"的条件下，社会生活和制度可以摆脱时间、空间的限制，或者说是时间和地域的限制，得以在新的时—空条件下重新组合和扩张。这就会导致"脱域"现象，即"社会关系从彼此互动的地域性关联中，从通过对不确定的时间的无限穿越而被重构的关联中脱离出来。"❸

————————

❶ ［英］安东尼·吉登斯：《现代性的后果》，田禾译，译林出版社 2000 年版，第 49 页。

❷ ［英］安东尼·吉登斯：《现代性的后果》，田禾译，译林出版社 2000 年版。

❸ ［英］安东尼·吉登斯：《现代性的后果》，田禾译，译林出版社 2000 年版，第 18 页。

"脱域"主要依靠象征标志和专家系统两种机制。而"反思性"是渗透在这整个"现代性"构建、确立和扩张过程中的人类行动的根本特征，在每时每刻人类行动都与相关知识互动、映照，后者成为了前者的结构性的一部分。总而言之，在吉登斯看来，现代性意味着一个复杂而严密体系，在其中，"资本主义""监督""暴力垄断""工业主义"四种制度设置彼此配合，"时—空伸延""脱域"和"反思性"彼此渗透和关联，共同构成了现代性的整体的结构，保证了人类行动的继承性和创新性，使得现代性结构不断重组和重生，促进了现代性的扩张。

鲍曼区分了"固态现代性"与"流动现代性"。在鲍曼看来，现代性有早期和晚期之分，"将要进入 21 世纪的社会和进入 20 世纪的社会，是同样的现代；人们可能说的最多的是，它们的现代是不同方式的现代"❶早期是致力于秩序和清晰性的现代性，是浓重的现代性、固态的现代性，而晚期现代性是流动现代性。早期现代性和晚期现代性或流动现代性，既有共同点也有不同点。早期现代性与晚期现代性的共同点是"无法停止、永远发展"。早期现代性和晚期现代性或流动现代性的不同表现在于：一、早期现代性追求的最大目标是秩序，早期现代性相信存在一个我们能够到达而且终将到达的终点，一个具有完美秩序、公正、形态良好、清澈透明的社会，这种观点已经被晚期现代性所抛弃，晚期现代性对于人类能够进入和终将进入一个理想社会的信仰已经瓦解；二、在早期现代性，现代化的任务和责任由人类理性所负担，在晚期现代性这些已经私人化了，完全交给了个人的勇气和力量去完成，"因此，我们对（晚期）现代性的看法，就是一种个体化的、

---

❶ ［英］齐格蒙特·鲍曼：《流动的现代性》，欧阳景根译，上海三联书店 2002 年版，第 42 页。

私人化的观点，编造模式的重担和失败的责任，都首先落在了个体的肩上。依附和互动模式的转变——即液化——已经开始。"❶

综上所述，现代性是一个复杂的概念，不同时期的不同学者，由于时代背景、知识背景、学术旨趣等方面的差异，对其诊断也不相同。但毫无疑问的是，现代性具有一种不同于传统的特征，这既表现在制度设置上，也表现在人们的认知、审美和价值观念上，还表现在人们的行动模式上，因此，从多维的角度来理解现代性是一种可取的做法。这里，可以暂且认为，"现代性"是经济上的资本主义和工业主义，政治上的民族国家和暴力垄断，文化上的祛魅和理性化，认知上科学主义和进步主义，以及人们社会行动上的反思性。

第三节　"年"或"春节"：时间性与社会性的统一体

现在，"年"与"春节"是指代同一事物的两种称谓，春节是较正式的说法，年是民间的俗称。但本质上，两者已经成为了同一个概念。例如，在日常生活中，人们所说的"过年"和"过春节"，指的都是同一件事。一般地，"年"或"春节"都是指按照中国传统历法而计算的、在岁与岁之间交替时大致在 16 天到 54 天的一个过渡期。之所以时间长短有浮动，是因为由于风俗习惯的不同，"年"或"春节"的"起点"与"终点"在不同的历史时期、不同的地方可以有不同的计算，可以从十二月（腊月）初八开始，也可以从十二月三十开始，可以在一（正）月十五元宵节结束，也可以延长到二月初二。由此，最短的算法是从除夕（十二月二十九或三十日）到元宵节（一月

---

❶　［英］齐格蒙特·鲍曼：《流动的现代性》，欧阳景根译，上海三联书店 2002 年版，第 12 页。

十五日），"年"或"春节"共有 16 天，最长的算法是从十二月初八到二月初二，共有 54 天。❶

年或春节属于岁时节日，所谓岁时，就是一种对时间的计算和分割，它"是中国传统社会特有的时间表述，它起源于中国民众对日常生活的理解"❷，而"节日"则是与时间结合起来的社会性的文化表达，是"时间"与"在该时间人类社会所进行的某种或某些活动"的结合。其中，"某种或某些活动"常常是仪式性的，所以，年或春节本身就具有时间性和社会性的双重性质。

无疑，时间性是年节的起源，"节庆活动永远与时间有着本质性的关系。一定的和具体的自然（宇宙）时间、生物时间和历史时间观念永远是它的基础。"❸ 就年节本身而言，《说文解字》中说，"年，谷熟也"。在甲骨文中，"年"的写法也是底下有根，上边有歪头的穗，旁有叶，一个"谷熟"象形。可见，"年"最初便是以谷熟计时的意思。年也并不是今天意义上的春节的唯一称呼，而是出现较晚的一个称呼。据《尔雅》记载，尧舜时称"年"曰"载"，夏代称"年"为"岁"，商代改"岁"为"祀"，周代才称为"年"。作为"年"同一意义的称谓，"载"就是"始"，乃是开始之意，取物终更始之义；岁，即是岁星，就是木星，来自古人以木星运行记载时间的方法；"祀"，是商代老百姓谷物收获后的庆祝仪式，当时人们在五谷丰收后常举行仪式祭祀土神、谷神和祖先，"祀"由此而来。可见，"年"本起源于计时，其中也有社会性的一面，但计时并不一定形成固定的民俗。固定民俗的形成有待于历法的固定。这个历法的最初来源就是夏历，所以今天

---

❶ 萧放、许明堂：《春节》，中国社会出版社 2006 年版，第 1 页。
❷ 萧放：《岁时——传统中国民众的时间生活》，中华书局 2002 年版，第 1 页。
❸ ［苏联］巴赫金：《巴赫金全集：第六卷——拉伯雷的创作与中世纪和文艺复兴时期的民间文化》，李兆林、夏忠宪等译，河北教育出版社 1998 年版，第 10 页。

的年也称为夏历年。在汉代以前，我国的历法并不固定，岁首因此而不同，周历以通常冬至所在的建子之月——即夏历的十一月为岁首，殷历的岁首是建丑之月，即夏历的十二月，夏历的岁首是建寅之月，即后世常说的阴历正月。秦始皇统一六国颁布了统一历法——颛顼历，此历法以十月为每年的首月。汉武帝时，更作《太初历》，以夏历的正月为岁首，并把二十四节气加入历法，形成了阴阳合历的历法。后代虽对历法作过多次修订，但基本都是以《太初历》为蓝本，以夏历的孟春为岁首，从此以后（除王莽新朝和魏明帝时曾一度改用殷正外，武则天和唐肃宗时曾一度改用周正）❶，一直沿用两千多年，直到清末。随着年历的确定，每年的年节风俗活动也就随一年一度的固定日子沿袭下来。

公历 1911 年，辛亥革命推翻清朝统治创立中华民国，革命派为了标榜自己的现代性，剥夺了夏历的官方地位，将西方的格里高利历——在中国大多数人称之为"公历"——作为官方历法，以西历 1912 年 1 月 1 日为中华民国第一个新年。1914 年 1 月，北洋政府再颁布法令，再次剥夺夏历新年的"元旦"称呼，将之改称为"春节"，而将"元旦"转给公历的 1 月 1 日，同时将根据夏历计算的端午节、中秋节、冬至节改称为夏节、秋节、冬节，民众没有接受用夏节、秋节、冬节分别替代端午节、中秋节、冬至节的新命名，却逐渐接受了"春节"的说法，尽管他们自己更习惯称之为"（过）新年""（过）大年"。❷ 至此，年和春节成为了同一个意义上的两个称谓。

春节当然不仅仅是时间性的，它还是社会性的。它的社会性，从大的方面来说，主要体现在两个方面：一方面，时间性本身就是社会

❶ 刘亚平：《忙年》，中国人民大学出版社 1991 年版。
❷ 高丙中："作为一个过渡礼仪的两个庆典——对元旦与春节关系的表述"，载《中国人民大学学报》2007 年第 1 期，第 49—55 页。

性的；另一方面，作为一种集中了众多仪式的节日，春节表征了社会及其结构，是社会性生成的，也参与了社会结构的构建。

首先，在人类社会中，人们的时间意识，以及对于时间的计算和分割本身就是社会性的。涂尔干就认为时间是一种社会事实，时间概念或范畴是一种社会性的需要和安排。"时间的概念或范畴不仅仅是对我们过去生活部分或全部的纪念，还是抽象的和非个人的框架，它不仅包含着我们的个体实存，也包含着整个人类的实存。……据此安排的时间并不是我的时间，而是普遍的时间，是同一文明中的每个人从客观出发构想出来的时间。这足以暗示我们：这种时间安排应该是集体的。"❶ 在涂尔干之后，许多社会学者对于作为社会事实的时间及其变动情况进行了研究。马林诺夫斯基考察了特罗布里恩德岛人的计时方式，从天文、气象和文化的视角讨论了他们的时间框架和想象图景，发现重要的事实是："所有关于时间的计算，对过去事件的所有记忆，以及日期的确定都要依据园艺活动。"❷ 索罗金、默顿梳理了不同区域的族群时间观念，发现"计时系统反映了群体的社会活动。它们具有集体性起源；坚守它们具有社会必要性。它们产生于群体生活的周期，在很大程度上取决于宗教活动的惯例和工作日的日常事务安排。从根本上说，它们是社会互动的产物。"❸ 正如在本书上文"现代性"一节中所说，吉登斯考察了人类社会中"时间"观念和测量的变迁，认为，现代社会中的时间计算制度外在的、统一的和标准化的，这让时间成为一种可以与人们的社会生活剥离的、客观之物，从而让时间脱离了

---

❶　［法］爱弥尔·涂尔干：《宗教生活的基本形式》，渠东、汲喆译，上海人民出版社1999年版，第11—12页。

❷　转引自约翰·哈萨德：《时间社会学》，朱红文、李捷译，北京师范大学出版社2009年版，第209页。

❸　转引自约翰·哈萨德：《时间社会学》，朱红文、李捷译，北京师范大学出版社2009年版，第45—46页。

空间与场景，变成了"虚化时间"。❶哈维认为在当代资本主义社会中，时间的节奏与当代社会的核心动力结构——资本主义相适应，当代资本主义为了增加利润，加速了生产与消费的节奏，形成了"时空压缩"现象。❷总而言之，时间是一种社会事实，特定社会中的时间意识、节奏与特定社会的结构相一致。

其次，春节作为一种集中了众多仪式的节日，表征了社会及其结构。一方面，在象征主义文化人类学家看来，节日及其中的仪式与社会和文化共同挑选、承认的事件相一致。例如，由此观点看春节，其中的祭祖仪式与社会承认的"敬祖"观念相联系。另一方面，节日及其中的仪式、相关物品，表现了社会本身及其价值观念，"当一个社会集团——无论是一个家庭、氏族、村落、民族、组织、教会——庆祝某一事件或节日，诸如诞生、收获或者民族独立的时候，它同时也在庆祝其本身。换言之，它力图以这种象征形式显示它所认为的集团生活精髓，这一活动例示并弘扬了集团的经验。"❸

再次，春节是社会性生成的，其名称、时间、内容、形式等方面，都是由在特定的社会背景下的人们所确定的，而且因为社会背景的不同，春节的名称、时间、内容、形式等也处于变化过程之中。

最后，春节参与了社会结构的构建和再生。一直以来，对于节日与社会结构的关系，有两种相反的观点。一种观点认为，节日具有解构社会结构的性质。俄国学者巴赫金将节日分为官方节日和狂欢节两种类型。在他看来，狂欢节类型的节日才是真正的节日，他由此提出了"狂欢理论"。根据这一理论，狂欢节类型的节庆具有狂欢的性质，

❶ ［英］安东尼·吉登斯：《现代性的后果》，田禾译，译林出版社 2000 年版。

❷ David Harvey. The condition of Postmodernity：An Enquiry into the Origins of Culture Changes. Oxford：Blackwell Publishers ine，1990.

❸ ［英］维克多·特纳：《庆典》，方永德等译，上海文艺出版社 1993 年版，第 8 页。

在狂欢中，人们嘲弄、颠倒和摆脱了在平时日常生活中限制和束缚他们的社会等级制度和价值规范。● 另一种观点认为，节日及其仪式是对社会结构的认可、重申与再构建。在巴赫金看来，官方节日即是此一种类型，"官方节日有时甚至违背节日的观念，肯定整个现有的世界秩序，即现有的等级、现有的宗教、政治和道德价值、规范、禁令的固定性、不变性和永恒性。节日成了现成的、获胜的、占统治地位的真理的庆功式。"● 也就是说，节日及其仪式通过象征符号体系，展演了整个社会的结构，包括社会中的等级、价值观念、道德规范等等，同时也教育了参与其中的人们，使他们直观地、充满情感地、亲身地、深刻地体验了和学习了自己社会的结构、价值观念和恰当的行为模式，从而让社会结构能够在这些人们之中得到再重构和传递下去。在社会学与文化人类学中，一些功能主义学者也持有此种观点，如涂尔干认为，节庆及其仪式是宗教的不可或缺的组成部分，是宗教中的仪式部分，其中人们成为一个集体，人人都能感到他们有共同的信念，依靠这个信念他们能够团结起来。● 葛兰言认为，"《诗经》中所记载的上古节庆是作为结合的节庆出现的，……它们显示社会契约……组织着社会生活的进程。"● 本书认为，春节中虽然有狂欢的成分，如元宵节观灯这样的活动，但这种成分在整个春节期间并不占据主导地位。在春节中，更多的仪式和活动是对社会结构的再现、重申和再构建。也就是说，按照巴赫金的划分，春节更像是一种官方节日类型的节日，

● ［苏联］巴赫金：《巴赫金全集：第六卷——拉伯雷的创作与中世纪和文艺复兴时期的民间文化》，李兆林、夏忠宪等译，河北教育出版社1998年版。

● ［苏联］巴赫金：《巴赫金全集：第六卷——拉伯雷的创作与中世纪和文艺复兴时期的民间文化》，李兆林、夏忠宪等译，河北教育出版社1998年版，第11页。

● ［法］爱弥尔·涂尔干：《宗教生活的基本形式》，渠东、汲喆译，上海人民出版社1999年版。

● ［法］葛兰言：《古代中国的节庆与歌谣》，赵丙祥、张宏明译，广西师范大学出版社2005年版，第181页。

而不是一种狂欢节类型的节日。

因为春节是时间性和社会性的统一体，所以，要研究年或春节，有四个问题是必须要注意的。

一是春节的内涵和界定问题。不错，春节首先一个时间概念，但并不仅仅指夏历腊月三十（或二十九）到正月十五这十几天，春节还有其社会性的一面。这在上文中已经进行了论述，那就是，春节是社会及其结构的表征形式，是社会性生成的，也参与了社会结构的构建过程。就本书的研究而言，我们将春节看作是一个仪式概念，一个仪式的集合，它更确切地是指在夏历腊月三十（或二十九）到正月十五这十几天里发生的一系列几乎连续不断的仪式过程，而这些仪式过程及其变迁，集中体现了它背后的社会结构的变迁。

二是春节内容的变迁问题。从纵向看，春节是一个不断变迁的过程，其内容不断被添加、被删改。春节的仪式过程是一个历史重构的过程，历史时间点上的春节和现在的春节并不相同，有些习俗消失了，比如作为国家礼仪的朝廷百官向皇帝拜贺新年的"朝正"仪式，又如正月初七的"人日"庆祝仪式；有些内容被创造出来，比如元宵节观灯便是在国家力量的提倡下，又由于佛教传入中国以后，佛教燃灯纪念佛祖的仪式，最终经过发展，经由国家力量而确定下来的习俗；❶ 有些内容"改了头换了面"，比如现在所放的鞭炮，在宋代之前是在正月初一燃烧竹子、发出爆响的一种仪式，称为"庭燎"，随着时间推移，演变为今天的鞭炮。❷ 因此，春节作为一种仪式集合，并不是一成不变，而是一个过程文化体。

三是春节的统一性和地方性问题。春节本身兼具统一性和地方性

---

❶ 萧放、许明堂：《春节》，中国社会出版社2006年版，第141页。
❷ 萧放、许明堂：《春节》，中国社会出版社2006年版，第57页。

两大特征。作为一个得到国家认可的传统节日，春节在大传统的作用下，具有相当的普遍性和内容的统一性。据统计，全国共 39 个民族过春节，除汉族以外，还有 38 个少数民族，占全国 56 个民族的 70% 左右，❶ 而且都有吃年夜饭、拜年等习俗。另外，春节还有某种地方性，如在春节计算时间上各地有所不同，在春节期间的仪式上，不同地域、不同民族的人也有所不同，如怒族在大年三十，会采来青松枝插在大梁和中柱上，在地下铺松茂，象征四季常青，月月吉祥。这是其他民族，特别是汉族春节所没有的一种"地方性知识"❷。

四是春节名称变化中所透出的社会文化背景。春节名称的改变首先是从中国传统历法的身份转变开始的。从夏历、殷历到阴历、古历、农历、旧历、农民历（民国时期称呼，现在我国台湾地区仍然这样称呼）——与之相对的是阳历、国历、公历、新历等，中国传统历法完成了在形式上从主流到非主流、从大传统到小传统的一个转身，一个意义和价值的转换。随之，中国传统年节，从年、元旦到春节，也完成了一个相似的转换。这一个过程——从民国时期在行政上抛弃中国传统历法，将元旦名号给予公历一月一日（格里高利历），而将中国传统年定义为春节开始，是在中国传统与西方现代性碰撞的背景下发生的，是在中国向西方定义的现代性转型的话语下发生的，是在中华民族从"天朝上国"到否认自我、全盘西化再到回归传统这样一个"极端自负—极度自卑—正视自我"的心路下发生的。因此，夏历中国年，也就是现在的春节，即使一个乡村的春节传统也具有这样背景的痕迹，需要放在这样的背景下去审视。

---

❶ 陈连山："春节民俗的社会功能、文化意义与当前文化政策"，载《民间文化论坛》2004 年第 5 期，第 9 页。

❷ 萧放、许明堂：《春节》，中国社会出版社 2006 年版，第 178 页。

第四节　仪式与变迁

1. 仪式

蝴蝶总是钟情阳光下最夺目的花朵，文化人类学家也不例外。仪式便是文化人类学家眼中最色彩斑斓的花之一朵。号称最擅长研究异文化（other culture），并以研究"非西方野蛮民族"为起点的文化人类学家，在置身于陌生的他者世界时，其中的异彩纷呈的仪式带来的直观经验上的冲击不能不令其对之投以青眼。例如，著名的功能主义文化人类学大师马林诺斯基在《西太平洋的航海者》中所描写的特罗布里恩德群岛上的库拉圈，其实便是一个有众多仪式组成的交易和社交系统。

早期的文化人类学家致力于普世性理论与原则的建构，汲汲于跨文化比较的研究，在仪式研究上，以神话/仪式和宗教/仪式为学术起点，认为神话和宗教是信仰部分，相对地，仪式则是一种实践行为。此时，仪式是被纳入在神话/宗教范畴内的。这之后，仪式慢慢脱离了宗教的范畴，扩大到"世俗社会"。仪式不再被天然地与神话和宗教联系在一起，仪式研究不仅仅于局限于宗教仪式，而是扩大到个人生命仪式、节庆仪式、季节性仪式、体育仪式、政治性仪式甚至是国家主导的仪式，等等。就此，仪式成为了一个包含广阔的巨大的话语和分析工具。

可以看出，文化人类学家对于仪式所进行的研究"有一个明显的从'宗教'到'社会'的内在变化印记，并形成了一套可供理解、学习和实践的知识谱系"❶。在这个过程中，仪式既是一个被研究的客体对象，又是一个研究的视角和路径。"马尔库斯认为，文化人类学家长期以来把仪式当成观察情绪、感情以及经验的意义灌注的适当工具，……他们可以被比喻为文化创造的、民族志作者可以系统阅读的文本。"❷

　　具体地，仪式在文化人类学发展的不同时期，在不同的文化人类学家眼里，具有不同的含义和诠释。在进化学派学者那里，仪式被置于神话研究范畴内，神话是对仪式的一种语态解释，而仪式则是一种物态的神话。在社会年鉴学派那里，涂尔干将仪式置于宗教范畴中，宗教由信仰和仪式组成，信仰属于主张和见解，而仪式则属于信仰的物质形式和行为模式，"宗教现象可以自然而然地分为两个范畴：信仰和仪式。信仰是舆论的状态，是由各种表现构成的；仪式则是某些明确的行为方式。这两类事实之间的差别，就是思想和行为之间的差别。"❸ 因此，在涂尔干看来，仪式与宗教一样，都是社会性的，参与了人们集体意识的构建，"仪式是在集合群体之中产生的行为方式，它们必定要激发、维持或重塑群体中的某些心理状态。"❹ 到了功能主义奠基者马林诺斯基眼里，仪式则需要从功能上去分析，是"应当把它们放在它们所属的制度中"去分析的。在分析"产翁"仪式时，他认为"产翁"仪式是在用象征的方法把父亲同化为母亲，以确立社会性的父道，并进一步论断，"这类风俗的形式，是一种象征性的仿效，在相当程度内，是决定于它们的功能的，若不管功能而单

---

❶ 彭兆荣：《人类学仪式的理论与实践》，民族出版社 2007 年版，第 2 页。

❷ 转引自彭兆荣：《人类学仪式的理论与实践》，民族出版社 2007 年版，第 19 页。

❸ ［法］爱弥尔·涂尔干：《宗教生活的基本形式》，渠东、汲喆译，上海人民出版社 1999 年版，第 42 页。

❹ ［法］爱弥尔·涂尔干：《宗教生活的基本形式》，渠东、汲喆译，上海人民出版社 1999 年版，第 11 页。

讲形式，……自然得不到正确的结论了。"❶ 在象征主义文化人类学家眼中，仪式是符号的集合，是一种的象征交流的系统，"是一种卓越的交流形式"❷。

仪式的含义繁多不一，不仅是因为文化人类学田野本身不可避免的语境歧义所造成的，更是文化人类学家不同的知识背景和研究切入点所造成的。一般而言，狭义的仪式指的是与宗教、信仰相关的具有神圣性质的无功利目的的程序活动；广义的仪式则极为宽泛，不仅与神圣性质有关，也与世俗性质有关，可以扩展到日常生活之中的一些平常行为，比如，弗思就认为问候和道别等一类的日常活动便具有仪式性质，玛丽·道格拉斯也认为，诸如整理房间、洗衣服和清扫也可以是仪式的一部分。

尽管仪式的含义和诠释各种各样，但仪式有一些共同特征：（1）仪式是无功利目的的实践行为；（2）仪式是在一定的主体范围内实行的，仪式具有自己特定的行为主体，而且这个行为主体作为仪式主体是被强制或规范内化形成的；（3）最重要的是，仪式具有规定性和重复性，具有规定的时刻或时期、空间、行为和程序，并得到重复性地实行；（4）仪式是一种符号交流系统，这不仅指的是在仪式现场中的人们之间的交流，而且包括不同时空的人们之间的交流，无论参与仪式的人有没有觉察到这一点；（5）仪式可以造成一种与日常生活不同的状态；（6）仪式是一种文化的片断，是一种文化的集中展演；（7）仪式并不是思维的产物，是基于非仪式的现实生活之上，是一种社会事实，与社会结构具有互动，由社会结构所产生，表征了社会结构，也参与社会结构的再生产。

---

❶ ［英］马林诺夫斯基：《文化论》，费孝通等译，中国民间文艺出版社 1987 年版，第 36 页。

❷ 转引自彭兆荣：《人类学仪式的理论与实践》，民族出版社 2007 年版，第 15 页。

2. 变迁

变迁（change）是社会学、人类学研究社会、文化动态变化所用的一个概念。相应地，有社会变迁（social change）和文化变迁（culture change）之分称。而在社会学、人类学中，社会变迁和文化变迁这两个概念往往通用，❶ 常常都是指某一个特定族群或社区由于内部发展或与外部"异文化"的族群或社区接触而引起的在社会、文化方面所发生的一系列动态变化。在这两个意义相近而称呼不同的概念上，具体采用哪个，主要取决于社会学家、人类学家是采用社会范式还是采用文化范式作为切入视角去进行研究。在使用频率上，相对于社会变迁，文化变迁更为常用。文化变迁指的是文化由于内部或外部的原因从原来的文化模式向新的文化模式转变的现象。❷

文化或社会发生变迁必有能量的推动，这就是文化变迁的动力问题。文化变迁的能量可能来自内部也可能来自外部。文化变迁不仅可以是外部文化接触和文化借用的原因所造成的，或者外部地理环境变化造成的，还可以是内部的文化累积和文化创新所造成的。❸ 在文化变迁的动力论上，人类学早期更关注外部的冲击，社会和文化的内部被看作是一个整合的系统，文化变迁原因被认为主要是来自与外部他者和异文化的接触自身内部发展的原因。

在文化变迁的路径上，人们常用文化借用、文化涵化（acculturation）、文化丧失（cultural loss）以及文化创新（innovation）等概念进行说明。❹

---

❶ 石峰："'文化变迁'研究状况概述"，载《贵州民族研究》，1998 年第 4 期，第 5—9 页。

❷ 张岳、熊花、常棣：《文化学概论》，知识产权出版社 2018 年版，第 138 页。

❸ 张岳、熊花、常棣：《文化学概论》，知识产权出版社 2018 年版，第 138 页。

❹ 王铭铭："文化变迁与现代性的思考"，载《民俗研究》，1998 年第 1 期，第 1—14 页。

文化借用指的是在不同文化之间的接触与互动过程中，一种文化接受另一种文化中的某种或某些文化特质，并可能进行某种形式的修正，以纳入自己文化体系的过程和结果。❶

　　文化涵化也称为文化互渗，是1880年美国民族学局首任局长约翰·韦斯利·鲍威尔在其《印第安语言研究导论》中首次提出的。1905年，由德国学者格莱博纳等介绍到欧洲，以后成为研究社会、文化变迁的一个重要而常用的概念。文化涵化可以看作是一种特殊的传播，社会学、人类学对之进行了一种限制性的类型建构。文化涵化指两种或两种以上的文化在长时间相互接触中，由于一方或相互之间借用对方的文化特质，而造成一方或双方原来文化形式发生较大变化，从而使双方文化相似性不断增加的过程与结果。与文化借用相比，文化涵化指的是双向的改变而不是单向的借用，而且文化涵化有时候包含有强制性因素，或表现为直接的武力征服，或表现为潜在的强力的威胁，清朝初年汉族人不得不剃发留辫的事件可以作为一个大致的例子。文化涵化所造成的文化变迁可能有很多种结果，或者是双方都做出改变，融合成为一种新的文化类型；或者一方做出改变，成为一种居于次要地位的亚文化，与另一方共存；或者是一方向另一方趋同，最终完全接受了另一方的文化特质，丧失了自己的文化特质，这就是文化同化。从大的方面来说，文化涵化可以看作是文化变迁的一个类型。❷

　　文化丧失是指一种文化形式取代另一种文化形式，但却没有替代者的一种文化变迁。文化丧失可以分为替代性文化丧失和非替代性文

---

❶　张岳、熊花、常棣：《文化学概论》，知识产权出版社2018年版，第136页。

❷　张岳、熊花、常棣：《文化学概论》，知识产权出版社2018年版，第138页。

化丧失。❶ 前者是新的文化特质出现代替了旧的文化特质,如电子计算器代替了算盘,汽车代替了马车,等等。后者指的是文化特质在没有替代物出现的情况下消失了,如又臭又长的裹脚布已不复存在了,古代女子的"三从四德"的观念在今天也已趋于消失,等等。

文化创新指的是"在一个群体内部所广泛接受的所有新的做法、工具或原理"❷。从根本上说,文化累积基础上的文化创新是文化变迁的终极来源。人类文化是一种具有累积性的符号文化。累积性意味着,在文化的传承过程中,人们不仅希望于尽可能地将传统的文化完全地传递下去,保持最大程度的连续性,并能够使之在数量上和质量上不断提高,在此基础上出现文化创新与发展。人类之所以这样做,是因为人类的文化学习是传承性的和累积性的。这是人类与其他动物之间的一个关键性的区别,尽管其他动物也有程度不同的后天学习能力,但它们后天习得的行为要么是短暂的,不能传递给下一个世代,要么是非累积性的,只能在不同世代之间不断地重复而没有任何的创新和进步。例如,黑猩猩等类人猿也能制造工具,也能够在不同世代之间传递这种技术能力和行为,但"类人猿作为一个物种,在使用工具方面毫无进步,新的一代较之其前辈没有更大的发展"❸。而纵观人类历史,人类制造工具和使用工具的技术在不断更新和进步之中,尽管在不同的历史时期更新和进步的速度不同。毫无疑问,正是能够在历史发展过程中不断地进行文化累积、创新与发展,才使得人类文化处于

---

❶ [美]威廉·A. 哈维兰:《文化人类学(第十版)》,瞿铁鹏等译,上海社会科学院出版社 2006 年版,第 463—464 页。

❷ [美]威廉·A. 哈维兰:《文化人类学(第十版)》,瞿铁鹏等译,上海社会科学院出版社 2006 年版,第 457 页。

❸ [美]L. A. 怀特:《文化的科学——人类与文明研究》,沈原等译,山东人民出版社 1988 年版,第 44 页。

不断地发展与变迁之中。

　　研究文化变迁的方法可以有三种。一是事后研究，研究方法是采用人类学的田野工作方法和历史文献法，即一方面通过实地访谈让被访谈者进行口头的历史追溯，另一方面搜集和分析相关历史文献，将两者结合起来进行文化变迁过程的重构，勾勒文化变迁的轨迹。二是直接参与文化变迁的过程，选择某个调查点，在不同的时间段进行重复调查、研究，如费孝通对开弦弓村的三次调查，林耀华和庄孔韶分别对黄村进行的相隔多年的调查。当然，三位学者的著作并不仅仅是研究文化变迁，但这种在不同时段对于同一地方同一社会文化进行的重复调查研究，作为一种方法，正是文化变迁研究所适用的。因为通过不同时段的材料积累，可以历时性地比较分析并揭示文化变迁的过程和轨迹。三是不同空间上的比较分析法，即在同一时点，选择不同文化类型的社区进行研究，通过两者的比较分析来探讨文化变迁的规律。鉴于个人时间、财力等诸方面的原因，本书写作主要是依据第一种研究方法所得的资料。

第二章 "原村"社区

社区是社会学、文化人类学和民族学研究中最为常见的概念之一。在社会学、文化人类学、民族学中，社区既被作为一种研究对象，也被作为一种研究视角和研究方法。前者也被有的学者认为是"本体论意义上"的社区研究，后者则被称为"方法论意义上"的社区研究，前者将社区看作是一个相对独立而完整的客观研究对象，后者则只是将社区看作一种研究社会的特殊方法、研究方式和切入点，其目的并不在于研究社区本身，而是通过研究社区来"见微知著"地把握整个社会。❶

"社区"一词源于拉丁语，意为"共同的东西及亲密伙伴之间的关系"。德国社会学家斐迪南·滕尼斯在1887年出版的《共同体与社会》（Gemeinschaf und Gesellschaf）（又译《社区与社会》《礼俗社会与法理

---

❶ 肖林："'社区'研究"与"社区研究"——近年来我国城市社区研究述评，载《社会学研究》2011年第4期，第185—204页。

社会》等）一书中，首先把"社区"一词用于社会学研究。在《共同体与社会》一书中，"Gemeinschaf"（社区或共同体）指的是由本能、习惯和记忆等"本质意志"推动的、以统一和团结为特征的社会联系和组织方式。例如，作为血缘共同体的家庭、作为地缘共同体的村庄、作为精神共同体的宗教教会，等等。"Gesellschaf"（社会）指的是，由"选择意志"所推动的、有明确目的并以利益和契约为基础的社会联系和组织方式。例如，政党、军队和企业等一些现代社会组织。后来英国社会人类学和美国芝加哥学派将"Gemeinschaf"翻译为"Community"。"Community"在英文中具有共同体、团体、公社的意义，中文译为"社区"，将之与"社会"相对而称，"社会是描述集合生活的抽象概念，是一切复杂的社会关系全部体系之总称。而社区乃是一地人民实际生活的具体表词，它有物质的基础，是可以观察到的。"❶也就是说，社区是为了研究的需要而从社会中截取的一个相对微观的单位。因此，社区是一个变量。社区可以"有大有小，广义的社区可以包括一个或几个民族的分布区域，如傣族社区、西双版纳社区。在实际的调查中，社区多是微型的，在其范围容易进行直接的观察。"❷

费孝通在《江村经济》里说，"为了对人的生活进行深入细致的研究，研究人员有必要把自己的调查限定在一个小的社会单位内来进行，这是出于实际的考虑。调查者必须容易接近被调查者，以便能够亲自进行密切的观察。另外，被研究的社会单位也不宜太小，它应能提供人们社会生活的较完整的切片。"同时，他并认为，"村庄是一个社区"❸。本书就是将研究的社区定位在一个汉族村庄。

---

❶ 吴文藻：《现代社区实地研究的意义和功用》，《社会研究》1935 年第 66 期，转引自王铭铭："小地方与大社会——中国社会人类学的社区方法论"，载《民俗研究》1996 年第 4 期，第 5—20 页。

❷ 庄孔韶主编：《人类学通论》，山西教育出版社 2002 年版，第 254 页。

❸ 费孝通：《江村经济——中国农民的生活》，商务印书馆 2001 版，第 24、25 页。

第一节 自然环境、生计方式和村中人

1. 自然环境

本书所调查的汉族村庄，位于山东的西南部，为了叙述的方便，本书隐匿了其原来的名字，简称之为"原村"。山东西南部俗称为鲁西南地区。该地区是黄河流域的下游地区，坐落于华北平原之上，东依鲁中南山地丘陵，西北有黄河流过，西南为黄河故道，中部被京杭运河和"南四湖"所分割。京杭运河和"南四湖"以西地区是黄河冲积平原，以东是在长期堆积和剥蚀环境中形成的山前平原。原村位于黄河冲积平原上。这里地势低平坦荡，一望无垠，最高点海拔只有243米，总体海拔在约30米到70米。❶

气候上，鲁西南地区"属于暖温带的南缘，接近亚热带。……全区平均气温13.3～14.1℃……降水也比较丰富，全区降水量为600～900毫米，平均降水量为731毫米，大部分地区超过700毫米。……本区降水量年内季节变化大，降水主要集中在夏季，春、秋季降水较少，冬季更少。但雨、热同期，有利于农作物的发育。"❷

"本区水、热充足，加之地形又以平原为主，十分有利于农业的发展。鲁西南之所以成为中国古文明中心和人口稠密，就是有发展农业的有利条件。"❸

本地区人口稠密，村庄紧凑而列，如从空中俯瞰，一个村庄连缀一个村庄，星星点点，而原村就是其中的一个普通的空间点。行政上，

---

❶ 王有邦主编：《山东地理》，山东省地图出版社2000年版，第233页。
❷ 王有邦主编：《山东地理》，山东省地图出版社2000年版，第234页。
❸ 王有邦主编：《山东地理》，山东省地图出版社2000年版，第234页。

原村隶属于山东省菏泽市巨野县章缝镇。在章缝镇内，村庄的排列更
为紧密，村庄之间步行通常也只有几分钟的路程，在村庄之间是耕用
的农田，随着人口的增加，村与村之间的农田逐渐被居住房屋所占据，
村与村之间的距离在逐渐缩小，有的村庄在地理上甚至已经连在了一
起，村庄之间在空间上的界限已经模糊不清。

原村四面皆是汉族村庄，南面直接与前仓集村连接成一个整体，
北面与李堂村和杨庙村毗邻，东面是曹海村和东江庄、西姜庄三个自
然村，西面则是冯庄村和陈庄村。镇政府所在地章缝在原村东南约六
华里处，县政府所在地巨野县城则在其东北 40 华里左右。由于地处平
原，原村铺有"村村通"的村级公路，如果使用现在已经普及的家庭
机动交通工具，如摩托车、机动三轮车或汽车等，到镇政府所在地只
需十几分钟，到县城也仅需要半个小时左右，甚至更短。巨野县城有
陇海铁路通过，有日东高速、济菏高速两个省内高速公路，普通公路
有 327 国道，在其稍北面的郓城县有京九铁路——原村距离京九铁路
约有 25 公里的距离。因此，从交通上看，原村是一个交通便利、具有
超逾地域限制能力的村庄。

2. 生计方式

经济文化类型指的是"居住在相似的自然地理条件之下，并有近
似的社会发展水平的各民族在历史上形成的经济和文化特点的综合
体。"❶ 从经济文化类型上来看，原村基本上属于平原集约农耕型，在
生计方式方面，符合这类经济文化类型的特点，即以农业为主，并在
从事农业生产时，"在单位土地面积上密集地投入劳动力和技术，以此

---

❶ 林耀华主编：《民族学通论（修订本）》，中央民族大学出版社 1997 年版，第 80 页。

作为增加产品产量的主要手段。"❶

传统上，农业一向是原村人主要从事的行业和主要的收入来源。这也可以从村庄的名字中窥见一二。原村的真实名称中带有一个"仓"字，是粮仓的意思，据说是因为此处土地肥沃，出产丰富，才取的这个名字。另外，原村真实名称中还带有一个"集"字，之所以有这个"集"字，是因为在特定的夏历日期，原村存在有一个小型的集贸市场。据说，在很久以前原村即有一种"露水集市"，也叫"夜猫子集"，即在拂晓露水浓重的时候，周围村庄的人们汇集来此，进行农业及相关物品的买卖，天光大亮时交易已经完成，便各自回家。现在原村逢夏历尾数三、七的日子，还是个集市，但已经不是"露水集市"那么短暂。

原村拥有可耕土地1827亩，分为八个村民小组，原村人常称之为"生产小队"。由于生老病死、迁移等原因，每个村民小组的人口变动不居，因此，每个村民小组内每人占有土地的亩数不同，最多者人均有1.56亩土地，最少者人均只有1.09亩。由于地处温带，全年可以种植两季或三季农作物，在冬、春季节原村人通常种植小麦，在夏、秋季节则种植棉花、玉米等。除此之外，常种植的农作物还有大豆、红薯、谷子、油菜、红花、西瓜，等等。小麦是原村人的主要口粮，除非有大的自然灾害，小麦通常亩产都能够达到800斤到1000斤不等，棉花则是原村人最主要的经济作物，是农业里收入的主要来源，一般年景里，一亩棉花也能为家庭带来1000元左右的收入。

农业之外，原村并没有任何村办工业，只有一些以家庭为单位而从事的"农闲副业"和"农闲商业"。其中，农闲副业主要有两类。一类是以家庭为单位的小规模养殖，如家庭养鸡、养蚕等，这种小规

---

❶ 林耀华主编：《民族学通论（修订本）》，中央民族大学出版社1997年版，第95页。

模养殖，虽然不像以前那种以自给自足为目的的、自养自食的养殖方式，规模有所增大，但相对于专业化养殖而言，其规模依然比较小，最终并不能成为家庭的主要收入来源，如家庭为单位的养鸡，多者一年养三次，每次最多不过 2000 只。另一类是家庭作坊式的小生意，本质上是一种农业产品的粗加工，如做馒头、做豆腐、生豆芽，等等。再如，在四周村庄于不同日期里所举行的农村集市中做流动摊位式的餐饮生意——当地俗称"卖饭"，等等。这种以家庭为单位的农闲副业，规模小，所需资金少，不需要特别的技术，利润也微薄，只是在农闲时间从事，是作为家庭经济收入的补充形式出现的，基本上是一种农闲副业。农闲商业是在农闲时候从事的小规模的、非生产性的贸易，这在原村中也主要表现为两种形式。一种是做"中间商"，即做"二道贩子"。例如，从村民手中收购棉花、玉米等农产品，并出售给更大的收购商或生产企业。这种行为常常并不是职业性的，也是在农闲时进行。另一种是在村中经营小型商店。在原村，全村共有十一家小型商店，原村人习惯上称之为"代销点"或"合作社"，即"供销合作社"或"供销合作社某某村代理销售点"的简称，透露着计划经济时代的遗痕。这种小型商店也是家庭开办的，家庭中每个人都会上阵成为柜台销售员，相比较于农闲副业，经营商店会占用较长的时间，在一天中需要保证有一个人在商店中，但这并不影响农业生产，因为在农忙时，商店常常关门。因此，从本质上说，小型商店也是一种农闲商业。

如我国其他地域的乡村一样，从 20 世纪 80 年代末开始，特别是 2000 年之后，进城务工逐渐成为原村人谋生的主要选择，这改变了农业在家庭收入中占有最大比重的局面。据笔者调查，原村中成年男性一年进城务工的收入，2007 年在 4000 元到 2 万元之间，成年女性一年的收入则在 3000 元到 1 万元之间。❶ 这是年底除去花销之后的净收入，是实实在在在春节归家之后装入个人腰包里的数目。相对而言，在家中从事农业种植，原村人普遍认为是"亏本"的，因为除去化肥、农药、浇水费等等投入成本，最后几乎没有多少钱能剩余在自己的腰包里。因此，原村人越来越多地选择离开土地和农业，进城务工；他们或将自己的土地转租给别人，如果租不出去则转给自己的父母兄弟；或者将土地栽种上树木，一劳多年而不用太多打理；或者将土地直接抛荒了事。因此，如果说没有进城务工之前，"一个月过年，八个月种田，三个月赋闲"是原村人最普遍的时间分配和生活方式，那么，在大多数人进城务工之后，原村人的生活方式就普遍地变成了"半个月过年，三个月种田，八个月在外挣钱"，甚至是"三四天过年，三百六十天在城里挣钱"了。可以说，非农化的生计方式在原村人的时间分配上已经占据了最大的比重。这种情况在实行了免收农业税，并进行小麦种植补贴之后，稍稍有所改善。但并没有人因此而放弃进城务工的打算。从现在看，进城务工的趋势已经难以扭转，农业再也不可能是原村人主要的收入来源了。

从传统的粮仓和以农业为本，到现在主要生计方式的非农化，而且是单一的非农化，一种"离土又离乡的""劳务输出式的"非农化，这是原村生计方式当下最大的特征。

3. 村中的人

根据村中提供的资料，截至 2007 年底，原村共有人口 1284 人，384 户，其中男性 647 人，女性 637 人。❷ 所有的人分属于 12 个姓氏，

---

❶ 因为传统上对收入讳莫如深的习惯，此处从调查中得到的数字与实际会有所出入。
❷ 因为有未申报户口的存在，即黑户，加上进城务工有未婚生子现象等原因，此处数据与实际情况会有一些出入。

即张、李、苑、王、田、任、刘、江、朱、杨、史、路，其中苑姓是村中人记忆里最早的姓氏，据说原村原来的名字叫作"苑仓"。从人数上说，前四姓，即张、李、苑、王，是村中的四大姓，人数最多，而后面的田、刘、朱、杨、史、路，是村中的少数姓氏，每姓仅有几户人家。其中，史姓人数最少，仅有一户，村中本来还有两个一户的姓氏——何、程，由于生老病死，最终消失了。传统上有以姓氏相聚而居的习惯，在村中空间分布上各个姓氏都有自己的位置，其中张姓多在村的西北、西南，李姓多在东北，王姓也在东北偏中间位置，苑姓在西北偏中间位置，任姓在东南方向，而其他少数姓氏多在东南或东南偏中间位置。

因为处于山东省和河南省的交界地区，原村人的语言有河南话的成分，一些用词与河南话相同，突出表现就是在说话时使用"中"这个词汇，表示同意、好、是等意思，但在语气上没有河南话那么曲折，而是多使用向下的语调，听起来比较硬。在服饰上，夏天男性上身是衬衫、T恤，下身为长裤、短裤，女性上身多是T恤、长衫，下身是长裤或裙子，与中国其他地方的汉族几无二致，与城市里的汉族着装相比，只是款式、颜色上的区别。最重要的是，村中人的服饰上常透露出一种土色，在某个不被注意的地方会有泥巴或者未洗净的草渍等植物造成的印记，这在劳作时期最为常见，特别是夏季劳作时期。这便是与土地亲近的结果，也是身份、职业的特征。

总之，如果从外表判断，一个原村人可以被人看出是一个"农民身份"的人，但并不可以确定他属于哪个地域，如果他开口说话，再从语言判断，也只可以确定他属于河南或者山东。因此，从这两点来说，原村人只是有着某个地域标签的亿万中国标准汉族农民之一员而已。

图 2-1 原村街道一瞥

第二节 家、"分家" 与 "弱化" 的宗族

根据笔者调查,截至 2007 年底,原村共有 1284 人,384 户,平均每户 3.34 人。在这里,行政上统计的户,基本上可以等同于社会学和文化人类学中常使用的 "家庭"。从统计数据上看,原村的家庭在规模上无疑是小型的。事实上,数据上反映出来的这种特征也得到了笔者调查的印证。根据调查,原村的家庭绝大多数都属于由父母及其未成年子女组成的核心家庭类型,主干家庭所占比例较少,联合家庭基本上不存在。据访谈对象所言,在传统上,原村有父母与最小的儿子一起生活的习惯,即使幼子结婚,父母也会与幼子新组建的家庭生活在一起,共同组成一个主干家庭,直至父母全部过世为止。现在,这种传统事实上已经不存在了,正如村中人所言,"这时候哪还有一起过

（日子❶）的"。

在原村中，核心家庭的分裂是从子女结婚开始的。通常情况下，女性结婚后，就会常住夫家，实行从夫居，不再是父母家庭事实上的一员，不再对父母的财产拥有任何的权利，只有在父母疾病、去世时等情形下承担出钱出人等形式的义务，虽然这并不符合法律，但在原村人看来这是理所当然、不言而喻的，也很少出现作为女儿的人对此提出异议并采取行动的情形，"山东地方从前女子婚后是不能再到娘家继承父母财产的，在农村，这条陈规至今根深蒂固"❷。当然，也有女性结婚并不离开父母的家庭，而是将女婿招引进门的情形，即实行从妻居，俗称为"倒插门"。在这种情况下，女儿女婿担当了儿子儿媳的角色，对女性的父母有生养死葬等方面的义务，也有对父母家庭的财产、债务以及社会关系网络等继承的权利。不过，这种情况只是在父母家庭没有男性子嗣继承人的时候才会偶尔出现，包括没有亲生男嗣和没有收养的男嗣。有男性子嗣继承人的父母必定不会招引女婿进门，而即使父母没有男性子嗣继承人，出现招引女婿进门的情况也极少。一来，男子到婚姻对象的女方家庭生活，从妻居，在汉文化传统上是与"耻辱"二字联系在一起的，此类男性社会地位一直以来就非常低下。古之所谓"赘婿"，仅从名字来看，《史记·滑稽列传》中"司马贞索隐"称，"女之夫也，比于子，如人疣赘，是馀剩之物也"。但这种传统或多或少地一直保留到了今天。原村中即有一例，一张姓男子，兄弟三人，排行老二，结婚后到别村的妻子家里生活，是一名"赘婿"或者说是"倒插门女婿"，在他偶尔回到原村的时候，便常常被村中的人当面嘲讽，有一次还因此动了武。二来，无男性子嗣继承人的家庭

---

❶　凡文中引用村中人的话语，括号中都是笔者添加，以使得语句完整。

❷　山东省地方志编纂委员会编：《山东省志·民俗志》，山东人民出版社 1996 年版。

要招引"赘婿",本家族的人也未必同意。因此,没有儿子的家庭更常用的解决方式是"本家过继",即从本家族中收养一个"儿子",收养的原则一是血缘关系的亲近程度,二是双方的意愿,三是可实行的情况。一般情况下,没有亲生男性子嗣的父母会考虑从血缘关系最近的家庭,如自己的兄弟家庭中,收养一名男性作为自己的继承人,如果这种情况不可得,或者是没有合适者,或者是虽合适者但其家庭并不愿意,则也可以从本家族内其他家庭中选择和收养一名男性继承人。此种过继风俗,乃是汉族长久以来的一个传统,也是山东的一个长久的传统,并不限于原村。在山东,"与家产继承有很大关系的一项习俗是'出嗣'与'过嗣'(也叫'出继')。这是指家庭中没有儿子的户,可以从近支侄辈中'过继'一人为子,'过继'之后,一切称呼、礼仪、财产继承,甚至死后上宗谱,都要与出继后的父母相一致。"●

在父母有儿子的情况下,通常是在儿子结婚的当年或者第二年,父母便与自己的儿子儿媳分开居住,核心家庭由此分裂。分出去的新家庭有权利从原来的家庭里获得必要的生产和生活资料。根据各个家庭的不同情况,获得的生产和生活资料多寡不同,但必然包括土地❷、房屋❸两种基本的生产和生活资料。所以说,在原村,核心家庭的分家是由分居、析产、析炊等几个不同程序所构成的。这与古代将"分家"与"分居""析产""析炊""分爨"等并称是相一致的。

分出去的新家庭与原来的家庭并不会完全断掉联系,新家庭有照顾、赡养父母的义务,原来的家庭也有在生活经验上帮助新家庭的义

● 山东省地方志编纂委员会编:《山东省志·民俗志》,山东人民出版社1996年版。

❷ 原来嫁过来的儿媳的土地由村中划拨,儿子的土地从原来的核心家庭中划拨,在政府实行"三十年不动"的土地承包政策后,儿子和儿媳的土地都要从原来的核心家庭中划出。

❸ 由于在现在的情况下,原村还有足够的宅基地容纳分裂的新家庭,在政府实行"三十年不动"的土地承包政策后,也不再有新的宅基地规划,因此,将来是不是还有足够的宅基地容纳分裂的新家庭,是不是会出现因为没有新宅基地而不分家的情况,目前尚不得而知。

务，比如照看孩子等。在最初的几年，这种联系表现得较为明显而紧密，新家庭与原来的家庭还可能共同劳动，共同吃饭，但无论如何，新分出去的家庭都是一个独立核算的经济单位。新家庭是不是成为一个独立核算的经济单位，这是判断核心家庭是否分裂的最主要依据，而不只是看形式上是否分居。据笔者调查，在新家庭与原来的家庭共同劳动、共同吃饭的情况下，新家庭也不会再与父母家庭有大项的经济牵涉。事实上，在共同吃饭时，多数情况下掏腰包的是父母家庭，新家庭支出只占总伙食费支出的较低比例。值得注意的是，儿子结婚时分出的新家庭并不是最终的分裂，最终的分裂是在父母去逝以后，这时，所有分出去的儿子们将继承原来父母家庭的所有财产、债务和社会关系网络等。一个最初的核心家庭随之便完全消亡了。

可以看出，在原村，核心家庭分裂后，新旧家庭之间的联系主要依靠的是义务，比如赡养的义务、照看的义务，虽然义务的另一端是权利，但在村中人的观念里，有的只是义务的概念，而很少有权利的思想。同时，这种义务承担到什么程度，是一个模糊的概念，这也造成了新家庭与旧家庭的矛盾，婆媳之间因为婆婆看不看孩子而闹矛盾，几个儿子之间因为父母的医疗费分担比例问题而产生分歧，就是这种情况的表现。

家庭的分裂和再分裂，还表现为宗族的延续和扩展。在原村，拥有同一个可以确认的祖先的人，互相认同为同一个宗族，宗族之内，以丧服制的"五服"，即丧服的"斩""衰""大功""小功""缌麻"五种来论亲疏，"山东的家族……以出不出"五服"来论亲族远近，'五服'之内，称为'本家'，……然后才推而及之于同宗同姓。"❶ 这其实也与中国汉族的家族传统相一致。

---

❶ 山东省地方志编纂委员会编：《山东省志·民俗志》，山东人民出版社 1996 年版。

原村共有 12 个姓，但并不是一个姓即为一个宗族，比如张姓，按村中人的分类，就有 3 个宗族。在原村，宗族并没有共同的祖产，无论是土地或者是别的资产，也没有宗祠。在实物上，任何一个姓氏都只靠家谱和共同的陵墓所在地而表现为共同的宗族。家谱，也称为宗谱、谱牒、谱书、族谱、家牒、家乘等，形式有"订为书册的，亦有图表一张的"。共同的陵墓所在地，或者说是祖坟地，宗族并没有所有权，即使就承包经营权而言，也常常是没有的，而只有在该处下葬族人的权利。

因此，可以说，原村里的宗族是没有多少共同经济利益的、弱化的宗族。宗族内部的联系，比刚刚分裂的核心家庭之间要弱得多。在日常生活中，宗族之间的联系体现在婚丧嫁娶的相互义务上，不仅是村内同宗族之间，有家庭婚丧嫁娶时，同宗族的成员需要送礼金礼物、

图 2-2 原村一张姓家谱之一页

出人力心力，参与庆贺或者丧葬，而且，在宗族成员的亲戚婚丧嫁娶时，同宗族的成员也有类似的义务。例如，一个宗族成员的姑姑的孙子结婚，同宗族的人也会被告知，也需要共同前往，送礼金礼物，参与庆贺。因此，这种宗族可以看作是相互扶助的一种合作组织，是权利和义务联成的一种社会关系。

家庭和宗族的这种结构也渗入了春节仪式中。在原村的春节仪式里，涉及家庭和宗族的有三件事，一是以家庭为单位的"走亲戚"，另外两个是同一宗族共同参与的"全村拜年"和到共同的祖坟所在地的"墓祭"仪式。本书下文中将有详述。

第三节　囿于一村之内的、"纯粹的"民间组织

美国学者杜赞奇在考察 1900—1942 年的中国华北乡村的权力运作时，特别注意到乡村中存在的民间的"宗教组织"，如龙王会、药王会、红枪会、在理教、先天道，等等。在杜赞奇看来，"宗教的等级制度、联系网络、信仰、教义及仪式是构成权力的文化网络的重要因素。"之所以如此，是因为乡村中的某些宗教及其组织具有超越村落之上的关系网络。按照"组织规模和联合原则"，杜赞奇将华北乡村的宗教分为四种，分别是：自愿参加、规模较小、范围限于村内的宗教，自愿参加、活动范围超出村庄的宗教，具有参与强制性、与村界一致的宗教，以村为单位参与的、超出村庄的宗教。这些宗教，特别是第二、三、四类型的宗教，不仅处理宗教事务，而且具有经济利益协调和权力运作的网络基础，即他们在实际上也在处理经济与政治事务。❶

---

❶　［美］杜赞奇：《文化、权力与国家——1900—1942 年的华北农村》，王福明译，江苏人民出版 2006 年版，第 111 页。

以杜赞奇的分析框架来看，原村的宗教属于第一种类型，即自愿参加的、规模较小的和范围限于村内的宗教。不仅如此，在"职能上"，原村的宗教比杜赞奇分析的这类宗教更为"纯粹"。杜赞奇认为，这类宗教"除其宗教职能之外，其主要作用在于经济方面，而非政治方面"，因为这类宗教在乡村中"或者拥有地产，或者形成钱会，使这类组织成为村中具有共同利益的小集团。"❶而原村的宗教并不拥有自己的地产或别的资产，所以其成员之间的共同经济利益几乎是不存在的。也就是说，原村中存在的宗教，属于一种"囿于村落内的""职能纯粹的"宗教。

原村中存在的宗教信仰主要有两种，一是基督教，二是民间信仰。信仰基督教的人，村中称之为"信主""信耶稣"的人。据笔者调查统计，原村中信仰基督教的人约有30到35户❷，占全村总户数的10%左右；具有中国民间信仰的人——村中称为"信神"的人，大约有90户左右，占全村总户数的20%以上。村中信仰的基督教都是基督新教，其中信基督教最久的，也就是信仰基督新教最早的一个人，现为基督传道员，已经有25年了。据她说，她父母家庭信仰基督新教，但本人在结婚前并没有信仰基督新教，而在嫁入原村后才开始信仰；在当时，原村中并没有信仰基督新教的人，因此至少可以认为基督新教最迟在25年前，即1982年便传入了原村。至于原村人"信神"的历史，已经非常古老，据访谈对象称，村中原来有四座庙，分别是佛爷庙、土地庙、白银庙和菩萨庙。佛爷庙供养的是如来佛；土地庙在村东面，供养的是土地神；白银庙供养的是传说中的白蛇白素珍，被称为"白银

---

❶ ［美］杜赞奇：《文化、权力与国家——1900—1942年的华北农村》，王福明译，江苏人民出版2006年版，第114页。

❷ 虽然信仰是个人的事情，但在中国乡村，无论基督信仰还是民间信仰都有家庭化倾向，因此笔者这样统计。

奶奶"；菩萨庙供养的是观音菩萨。不过这几座庙在 1949 年中华人民共和国成立后被拆除了。20 世纪 80 年代末 90 年代初，原村中的民间信仰开始复兴，特别是在 1996 年，原村中"信神"的人有了一个聚会的地点，由此，村中供养神像——村里人称为"坐神"——的家庭，渐渐增多，仅在笔者调查期间，便有五六户人家举行了"坐神"仪式。基督教在村中并没有自己的教堂，据受访的村中基督信徒所言，"曾经去（村行政上）问了，不批地"。由于同样的原因，信神的人也没有在村子里建庙，现在村东有一座土地庙，是邻村人所建，村中人有时也去烧香礼拜。

　　信基督教和信神的原村人都有集会。村中的基督教信徒，除了特殊节日，如复活节，一定要去教堂外，每逢星期日也会去教堂礼拜。因为本村没有教堂，原村信仰基督新教的人只好去邻村的教堂集会。原村南北西三个方向的邻村都有教堂，基督信徒凭个人意愿选择去其中的某个教堂，同一个人在不同时候也会去不同的教堂，比如这个星期到北面李堂村的教堂，下个星期去南面前仓集的教堂，或者是西面陈庄村的教堂。每周三、五、日的晚上，基督信徒在本村传道员的家中集会。基督教集会的内容包括唱诗、祷告、讲经、感谢主恩和捐献等。唱诗是基督徒常见的宗教活动，村中称为唱经或唱赞美歌，这在原村基督集会中占有主要地位，常唱一二十首歌曲，持续半个小时到一个小时；祷告分两次，一次在集会的开始，一次在集会的结束；讲经是集会中另一大活动，即请人在前面向众人讲解《圣经》，讲解的人并不固定，讲解的内容由讲解的人自己确定；感谢主恩和捐献是衔接进行的，感谢主恩是一些信徒以自己的遭遇和感受来说明主恩的无所不在。例如，有人说自己多年的腰腿疼无缘无故好了，有人说自己家的母羊在危险中顺利生产了几个羊崽。在他们看来，这"都是神的恩典"。这些人通常会在口头表达完后，向捐献箱投入数额不等的钱币，这便是捐献了。这个过程不得不让笔者想起了还愿。笔者将自己的疑问抛出，得到得回答是："主是万能的，没什么做不到的，信主的人都会蒙福。"然而，这"福"已经成了"现实的利益之福"，而非"得永生的福"。

信神的人也有集会。阴历初一和十五是他们最重要的集会日子，除此之外还有在夏历逢尾数是三、六、九的日期所进行的集会和祈祷活动，谓之"三六九、保家口"。在信神者的集会上，人们的活动安排比较简单，除了对供奉的神像焚香跪拜外，最重要的便是所谓的"担经"活动了。"担经"时，人们肩扛类似扁担形制和功能的"经挑"，两边缀着具有宗教意味和神圣意味的"神物"，如莲花盆、花篮、大鲤鱼等，一边以固定的步伐，如以十字步等走动舞蹈，一边唱经歌。据学者研究，"担经"乃是鲁西南地区传统的、与宗教信仰有关的仪式活动，"'担经'是鲁西南在庙会期间，根据当地习俗形成的一种以娱神、娱人、教人、诵经为内容，以歌舞表演、祭祀活动为载体，含有历史、宗教、民俗、艺术等诸多文化内容的传统民间艺术样式。"❶ "担经"时人们所唱的经词多是佛曲、孝经、民间故事或民间传说、自然风景、文臣武将、乡土民情，等等。其中多宣扬的是中国乡土社会中传统的价值观念，如孝敬父母、尊老爱幼、积德行善、因果报应等等。唱经词所使用的曲调"多为一些地方戏曲、民歌以及时令小调等"❷，其中就产生出了被誉为"中国民间的花腔独唱曲"的"包楞调"，该歌曲于20世纪60年代被从鲁西南地区发掘出来，后被我国著名歌唱家彭丽媛演唱后而成为山东民歌的代表。❸

---

❶ 李梦华："鲁西南'担经'艺术"，载《文艺争鸣》2011年第10期，第131—134页。

❷ 张雁："《包楞调》的历史渊源及发展传承探究"，载《音乐创作》2013年第4期，第142—143页。

❸ 马骊骊："关于中国民歌'三度创作'的思考——以山东民歌《包楞调》为例"，载《黄河之声》2010年12期，第32—33页。

图 2 - 3　原村民间信仰者在"担经"

　　基督教集会的地点通常是在村中传道员的家中，而她家在村子的东边，故而信仰基督的家庭多在村子的东边。信神者的集会在村西的一户人家，故而信神的家庭多集中在村西边。当然也并非完全划一，村东也有信神的家庭，村西也有信仰基督的家庭。信仰基督和信神的家庭在村中的空间分布大致是东西分据并互有渗透。

　　由于宗教信仰的不同，原村中人家可以分为三种：一种是什么都不信仰的普通人，一种是信仰基督教的人，一种是信神的人。三种人同住一个村中，也就是同是原村人。所以，在原村中，信仰基督教的人和信仰民间宗教的人，处于和谐共处的状态。

　　三种人在春节仪式上的表现也有差异。如果以普通人的春节仪式作为参照对象，则信仰基督的人在过新年时并不跪拜、焚香；在门上所贴的对联并不是中国传统的喜庆文字，而是有关基督的文字；同时也不贴门神，而代之以赞颂基督的文字。从原村中走过就会看到，有时一户人家门上贴着中国传统的春联——"天增岁月人增寿，春满乾坤福满门"，而相邻的门户上却是"上帝施恩恩遍大地，耶稣赐福福满人间"。在拜年的时候，信仰基督的人由于不跪拜，所以采取一种变通的形式，"在初一磕头的时候，带点糖果什么的去看看老人"，对此，即使是信神的年长者也表示接受，"他们不让磕头，意思到了就行了"。在全村拜完年后，信仰基督的人会去教堂统一聚会，赞颂基督，庆祝新年。与基督信徒相反，村中信神的人则对跪拜、烧香特别在意，在大年三十夜和初一会比普通人家多准备一些供奉，主要是鱼肉瓜果，放置在神像前面，并焚香、跪拜，祈求保佑。特别地，信神的人家在大年三十的时候多点燃一炷大香，让其在整个夜晚持续焚烧，在信神者看来，这样可以让自己和自己的家人在接下来的一年中都得到保佑。

第四节 "身边的国家"及其人格化

1. "国家"与"社会"

国家从来都在文化之内，而非文化之外，"象征符号、思想意识和价值观念本质上都是政治性的，……它们或者是统治机器的组成部分，或者是反叛者们的工具，或者二者兼具。"❶ 所以，研究文化及文化变迁，当然包括研究原村的春节仪式及其变迁，不得不注意国家力量。而国家力量在日常生活中的"在场"，既可以通过符号象征体系体现出来和发挥作用，也可以通过制度性的设置，如基层行政组织及其任职人员而发挥作用。

国家在场理论本质上是一个"国家—社会"的分析框架或模式。国家—社会的分析模式可以追溯到"市民社会理论"（civil society theory），

---

❶ ［美］杜赞奇：《文化、权力与国家——1900—1942 年的华北农村》，王福明译，江苏人民出版 2006 年版，中文版序第 2 页。

因为"国家—社会"的分析模式需要将"国家"与"社会"分别看作是相对独立的、具有各自正当性权利和范围的"实体"，而市民社会理论正是开辟出一个与国家相对的、具有自己特有的"内在规定性"和"终极目标"的实体，"市民社会的所有活动追求的是以个人私欲为目的的特殊利益，是人们依凭契约性规则进行活动的私域，个人于此间的身份乃是市民；而国家关心的则是公共的普遍利益，是人们依凭法律和政策进行活动的公域，个人于其间的身份乃是公民。"❶ 但市民社会理论的国家与社会的二分法，容易导致对两者强调的不平衡，或者可能把国家置于社会之上，或者可能把社会置于国家之上，事实上也是如此，"从市民社会与国家二者间的关系角度出发，我们又可以说大体上形成了两种截然不同的关于市民社会与国家的关系架构：一是以洛克为代表的自由主义者的"市民社会先于或外于国家"的架构，二是黑格尔所倡的'国家高于市民社会'的框架。"这样的二分法往往导致过分强调国家与社会之间的矛盾与冲突，抑此扬彼，或抑彼扬此。自 20 世纪 90 年代以来，人们逐渐认识到这种将国家与社会二元对立的观点的不当之处，由此，一些学者，如乔尔·米格代尔、彼得·埃文斯、爱拉姆·奥斯特罗姆等，"提出了国家在社会中、国家与社会共治、公与私合作伙伴关系等理论，认为国家与社会存在合作与互补的关系，二者是相互形塑的。"❷

就中国来说，或者就与本书主题讨论相关的中国乡村社会而言，在其中，国家与社会的关系是如何的呢？或者，鉴于许多学者认为在中国的传统中和近现代的某些时期，社会或者说一个独立的市民社会

---

❶ 邓正来："市民社会与国家——学理上的分野与两种构架"，载爱思想网：http：//www. aisixiang. com/data/5658－2. html。

❷ 李姿姿："国家与社会互动理论研究述评"，载《学术界》2008 年第 1 期，第 270—277 页。

是不存在的，我们这里可以采用更确切的提问方式，即，在中国乡村社会中国家机构是如何运作的？毫无疑问，这是一个复杂的问题，因为其中跨越的时间很长。这里，我们可以试着来简要讨论下。

"国家—社会"互动流派中，"国家在社会中或社会中的国家"（state in society）思想的提出者乔尔·米格代尔，根据现实情况，将国家概念细分为最高决策中心、中央政府、地方政府和执行者四个层次，其中执行者指的是直接面对社会的国家的最底层次的组成部分。在米格代尔看来，要研究国家—社会的互动，应该更加注意关注国家的底层组成部分。❶ 由此，研究中国的乡村社会中的国家机构的运作，应该关注中国乡村社会中的国家的基层的机构及其任职人员。

在秦代以后近代以前的帝制时代或者皇权时代，中国国家机构与社会的接触部位——最基层的政权，可以笼统称之为"乡里制度"。乡里制度在古代主要有两个功能，一个是控制，一个是教化。在具体的功能实现时，"国家"常常借助于"社会"。在乡里制度中，民间力量或社会力量占有重要地位，在基层上，国家通常陷落于社会之中，国家力量通常通过社会文化网络而发挥自己的作用，达到自己的目的。这通常表现在两个方面：一是乡里制度的任职上倾向于乡绅、大家族成员等民间有威望、实权人士，如《汉书·高帝本纪》记二年二月诏曰，"举民五十以上能率众为善，举以为三老"，所谓"能率众为善"者，自是有威望的乡里人士；二是基层政权在行事上常借助宗族、宗教等社会中的民间组织的力量，尊重民间组织的一些自我设定的做法，有时甚至是违法的做法。❷ 因此，可以说，基层政权拥有两个方面的特征，一个来自国家，一个来自社会，是国家与社会的契合点，国家与

---

❶ ［美］乔尔·S. 米格代尔：《社会中的国家——国家与社会如何相互改变与相互构成》，李杨等译，江苏人民出版社 2013 年版。

❷ 赵秀玲：《中国乡里制度》，社会科学文献出版社 1998 年版。

社会互动的场所与结果，而在秦代至近代以前的帝制时代，在中国乡村社会中，国家与社会的关系是和谐的，乡村社会是相对自治的，国家陷落于社会之中。

但不幸的是，以上这样对于近代以前中国乡村社会中国家与社会关系的描述，可能仅仅是历史真实中的一个侧面，它符合一些学者们的研究与观点，如韦伯❶、吴晗❷、费孝通❸等人。在这一派的学者看来，在近代以前的中国乡村社会中，国家的力量并不强大，或者可以说是微弱的，所谓"天高皇帝远"，因为这里是国家机构的末梢，鉴于技术、财力、官僚体制等能力原因以及社会集团利益纠缠与冲突下的意愿原因，国家在此更愿意借助于民间统治精英，让国家陷入在社会之中，正所谓"国权不下县，县下唯宗族，宗族皆自治，自治靠伦理，伦理造乡绅。"❹ 但这并不符合另外一些学者研究的观点，有的学者认为，中国近代以前的乡村社会，即秦朝以来帝制时代的中国传统社会，是一个大共同体社会，在乡村社会中，尽管不同的历史时期不同的朝代以及不同的地区之间存在差异，但总体上来说，国家的力量并不是有名无实的，乡村社会也不是自治的，因为乡村社会中宗族力量并不如一些学者想象的那么普遍和强大，并不能够或者说也不被允许成为乡村自治的资源，正所谓"国权归大族，宗族不下县，县下惟编户，户失则国危"❺，而国家通过在乡村社会中设置复杂、严密的基层组织

---

❶ ［德］马克斯·韦伯：《中国的宗教：儒教与道教》，康乐、简美惠译，广西师范大学出版社2010年版。

❷ 吴晗、费孝通等：《皇权与绅权》，上海观察社1948年版。

❸ 吴晗、费孝通等：《皇权与绅权》，上海观察社1948年版。费孝通：《乡土中国》，北京出版社2005年版。

❹ 秦晖：《传统中华帝国的乡村基层控制》，载秦晖《传统十论》，上海复旦大学出版社2003年版，第3页。

❺ 秦晖：《传统中华帝国的乡村基层控制》《"大共同体本位"与传统中国社会》，载秦晖《传统十论》，上海复旦大学出版社2003年版，第39页。

和任职人员等手段，如汉代设置有"里""社""单"制度，其实具有对乡村社会较强的控制力。❶

不过，就近代以来的中国乡村社会中国家与社会的关系，学者们的观点较为统一。学者们认为，进入近代以来，中国进入了一个民族国家构建和国家建设的新阶段，国家竭尽全力试图在乡村社会中扩大自己的影响力和控制力。特别是在 1949 年以后至改革开放前，国家成为了一个"全能主义国家"，全面取代或压制了社会，无论是在城市，还是在乡村。孙立平将其称为"总体性社会"，主要特征是：国家掌握了社会中大部分资源的控制和配置权，经济领域和社会领域处在国家力量的严格控制之下，个人要想获得最基本的生存条件，就必须也只能通过国家的制度性安排，比如人民公社制度、单位制度、户籍制度、住房制度等来获取。❷ 此时国家—社会具有明显的"极强国家、极弱社会"特征。就乡村社会而言，国家的基层组织触角深入到村一级，将社会排挤出其传统的领地。

20 世纪 70 年代末改革开放后，国家力量开始收缩，社会重新获得了收复失地的机会，"在改革过程中，国家与社会间的结构分化过程开始了。国家权力从一些领域中撤退出来，使这一部分的社会活动能相对独立地进行"，"一个相对独立的社会力量正在开始形成"。❸ 然而，在国家力量收缩后，在有的地方，社会并没有马上接收过来，从而形成某种程度上的真空。下文将叙述到，原村的春节仪式中就存在着这样真空，其中的放送孔明灯的仪式由于缺乏村庄行政人员的参与和组

---

❶ 秦晖：《传统中华帝国的乡村基层控制》，载秦晖：《传统十论》，上海复旦大学出版社 2003 年版。

❷ 孙立平："改革前后中国国家、民间统治精英及民众间互动关系的演变"，载爱思想网、http：//www.aisixiang.com/data/5864.html。

❸ 孙立平："改革前后中国国家、民间统治精英及民众间互动关系的演变"，载爱思想网、http：//www.aisixiang.com/data/5864.html。

织而逐渐消失不见了。

2. 原村人"身边的国家"及其人格化

原村是一个自然村，也是一个行政村。据任职原村会计兼文书文书的张某所述，在计划经济时代，原村曾经与其周边的前仓集村、东江庄、西姜庄、樊楼村等四个自然村组成过一个生产大队❶，而原村为一个生产队；至今，原村人还习惯称自己的村子为生产队。20 世纪 70 年代末，原村成为了一个独立的行政村。作为一个行政村，原村村行政组织主要有村党支部、村民委员会、村计划生育协会等构成，❷ 下面则被分成八个村民小组。任职人员主要分为两类，一类是村级行政人员，一类是次村级任职人员，即各村民小组的负责人。以职位头衔来看，主要职位头衔是村支书、村民委员会主任、村会计和妇女主任，再下一级，就是八个村民小组的组长。具体任职情况如表 2 - 1。

表 2 - 1   原村村行政组织人员

姓名	职务类型	职务名称	任职时间	备注
王某某	村级职务	村党支部书记	1975 年至今	1973 年开始任职生产小组组长
任某某	村级职务	村民委员会主任	1989 年至今	无
张某某	村级职务	村会计（村文书）	1990 年至今	1990 年前为村小学老师
苑某某	村级职务	村妇女主任、村计划生育专职主任	不详	无
苑某某	次村级职务	第一村民小组组长	不详	无
张某某	次村级职务	第二村民小组组长	不详	无
王某某	次村级职务	第三村民小组组长	不详	无
李某某	次村级职务	第四村民小组组长	不详	无
张某某	次村级职务	第六村民小组组长	不详	无

---

❶ 生产大队是中国农村人民公社实行的三级所有组织中的中间一级。1958 年人民公社建立后，公社管理机构分为公社管理委员会、生产大队（或管理区）、生产队三级。

❷ 村中曾经还存在有民兵组织、团支部等，但现在基本没有了。

姓名	职务类型	职务名称	任职时间	备注
苑某某	次村级职务	第七村民小组组长	不详	无
张某某	次村级职务	第八村民小组组长	不详	无

村行政组织及其任职人员是原村人"身边的国家力量",是原村人日常生活中的国家在场或者说是"在场国家"的两个重要组成部分之一,另一个是与国家力量有关的符号象征系统。

日常生活中的"在场国家"是人们感受和认知国家力量的重要来源。在很大程度上,原村人对国家力量的感受、接触和认识是从村行政组织及其任职人员开始的。在无意识中,原村人将其看作国家力量的代表。在原村人眼中,他们身边的国家力量有着一种"固化的""人格化"的成分。在原村村人的记忆中,这只是一个基本固定的人名的集合体,这些人名成了身边的国家力量的一种象征,在一定程度上也成了国家力量的一种人格化身。原村人有什么事情需要去"麻烦""政府"——在村中人观念中与国家行政机关打交道是一种"麻烦",而国家各级行政组织也被通称为"政府",他们常用的话语不是"去村政府",也不是"去找村支书、村长或者其他头衔称呼的人",而是"去找某某姓名称呼的人",比如"去找王某某"。在这里,作为村支书的王某某是和他的职位合一的,然后又与国家或国家机构合一了,"去找王某某"就等于去找村支书,也等于去找政府和国家;"王某某"是一个人名,特指一个人,村支书是国家结构的最基层组织的任职人员,而国家是指整体性的权力机构,但是在这里却全部以一个固定的人来象征了,也就是国家力量及其基层组织都被"人格化"了。之所以如此,一方面是因为传统习俗,同村中人称呼姓名而不称呼职位的习惯,而最主要的原因是村行政职位任职人员的固定化,即缺少流动造成的。通过上表可以看出,在原村人认为相当重要的村级职位头衔上,比如村支书、村主任、村会计三个职位，最短的村会计职位任职已经有 18 年，最长的村支书任职达到了 30 多年❶，按 20 年一代人算，即一个 20 多岁的原村人自出生到现在就只看到某几个人与村级的某些职位连在一起，没有任何变化。在如此长时期没有流动情况下，某一两个人成为原村人眼中的国家力量的象征，是不足为奇的。

根据《中华人民共和国村民委员会组织法》，村民委员会是村民自治组织，并不属于国家任何一级行政机关，村党支部是中国共产党在农村的基层组织，也并不是国家行政组织。❷ 因此，从组织性质上来说，村级任职人员是很难流动的。事实也是如此，村级任职人员向上流动的机会很少，基本上是本地自产自销，而本地消化本身对流动的阻力就很大，很容易让流动陷落于乡土社会中各种文化、权力网络之中，造成某种程度上的虚假流动。杜赞奇对 1900 年到 1942 年的华北农村的研究❸和黄树民对 1949 年后福建南部一个村庄的研究都可以印证这一点。❹ 笔者的调查也与此相符。笔者在调查时，恰好遇到一场关于村中行政组织任职人员的选举，这是一个合法的流动程序。2008 年春节期间，原村进行了第六届计划生育协会换届选举大会，选举在村民委员会所在地举行，这里原来是原村小学，村小学停办后，成为村民委员会和村党支部等一切村组织的办公地。在选举会议上，参加者除了村中所有任职人员外，就是一些村民代表。这些村民代表是每个村民小组指定的，每个村民小组指定 10 个人，参加者每人给予洗衣粉一袋。据村里人说，给予参加村各种会议的人洗衣粉或者什么别的物品，

❶ 至 2017 年，已经有 40 多年了。
❷ 《中华人民共和国村民委员会组织法》（1998 年）第二条、第三条。
❸ 杜赞奇：《文化、权力与国家——1900—1942 年的华北农村》，王福明译，江苏人民出版 2006 年版。
❹ 黄树民：《林村的故事：1949 年后的中国农村变革》，素兰、纳日碧力戈译，北京三联书店 2002 年版。

已经是一个惯例。可以想象，这样选出的村民代表在参加会议时，对于选举的过程、结果、人选自然是没有太多关心的。他们只是冲着洗衣粉而来。事实上，如果不给洗衣粉，很多人向笔者表示他们是不会来的，用他们的话说："管他们这些干嘛"？在他们看来，此类村中事务与自己并无多少关系，而是"他们那些村干部"的事情。其中还有一个人不仅可以得到一袋洗衣粉，还被许诺可以得到一盒"一枝笔"牌子的香烟，当他告诉笔者这些时，他很为自己能够额外得到一盒"一枝笔"而得意，却丝毫没有提起选举本身任何的事项。参与者这样的心态，让选举很容易被控制。笔者看到，在选举过程中，参加者在村干部们的提示下，程序式地举手表示同意，结果自然也如预先设计的一样。当选举大会结束，村中干部将所在的庭院的大门关上，随后宣布，现在每人领取属于自己的一袋洗衣粉，然后找几个人从附近的商店里扛回大量的洗衣粉，每人一袋排队领取。当每个领取了洗衣粉的人兴高采烈地离去，围观的人也不禁为场景的滑稽而大笑起来。

村中任职人员的固定化和这种流动上的形式主义，在一定程度上造成了原村人对村中行政和公共事务的一种冷漠和无所谓的态度，特别是在现在国家力量收缩的时期。原来，在1949年中华人民共和国成立后，在形成的"总体性社会"条件下，国家是"全能主义国家"，在乡村社会中国家行政力量空前强大，国家的身影在乡村中到处存在，不仅控制生产、经济，而且深入到文化层面，可以干涉每个家庭的生活生态，比如实行工分制，每个家庭的口粮、收入都决定于村中干部的记录和决定。再比如当时提倡结婚从简，所以很多人的婚礼抛弃了传统的形式，仅仅领个结婚证了事。此时，村中行政任职人员掌握着非常大的资源，权力也很大，他们是村中的实权人物，也被认为是村中的头号人物。当时村行政组织的功能主要有上传下达、征收税收、公共建设、组织生产、调节纠纷，等等。上到国家政策的执行，下到村中普通人之间的争吵，都囊括在内，宛如一个家长。在改革开放以后，国家力量在乡村开始主动收缩，不再控制生产，也放松了文化层面的管制，同时在行政上也实行村民自治，建立了村民委员会制度。此时，村中国家力量的影子已经不再那么时刻在场，村中任职人员掌握的、可以支配的资源也在相对减少，这并不是原村一村特有的情况，而是改革开放过程中所形成的一种普遍现象。在改革开放以后，"国家控制资源的范围的缩小和力度的减弱，这样就使一部分资源从国家的垄断中游离出来，成为'自由流动资源'，进入社会或市场"，"这个过程首先是从农村中开始的。"❶ 因此，作为身边的国家力量的象征和代表，村行政组织在村民心目中的地位自然不会再如同以前那么重要。这种趋势在人们生活的重心转到经济一面后，愈发明显。从只求温饱到忙着挣钱，从村中务农到远程劳务输出，原村人对物质的追求一天比一天迫切，正如在调查中村中有人对笔者感叹的那样，"都忙着挣钱"。这种转变加剧了村中人对村中任职的忽视。一些村中的民间精英，也就是"身在民间（或说处于国家机构之外），行使统治（ruling）职能"❷ 的人，原村人俗称为"有本事的人"，宁愿进城打工，出去赚钱，也不希望在村中做没有太多资源可以利用的村级"干部"。

总而言之，在国家力量主动收缩、村级任职人员固定化、村级组织采用很多形式主义的做法，以及人们更多地关注经济生活，并在现实中不得不更多地依靠个人力量而不是行政力量让自己过上好日子的

---

❶ 孙立平："改革前后中国国家、民间统治精英及民众间互动关系的演变"，载爱思想网：http：//www.aisixiang.com/data/5864.html。

❷ 孙立平："改革前后中国国家、民间统治精英及民众间互动关系的演变"，载爱思想网：http：//www.aisixiang.com/data/5864.html。孙在文中称为"民间统治精英"，其对于统治的定义是"具有相当宽泛的含义，而并不仅仅是就政治统治而言，领导、管理、协调、仲裁、整合、组织，都是这里所说的'统治'中的题中应有之义。"由此，笔者认为，"民间精英"和"民间统治精英"的内涵其实大致相同，因为民间精英常常是具有名望并或多或少地卷入公共领域中，发挥协调、仲裁等作用。

情况下，原村村级行政组织及其任职人员，即原村人"身边的国家"或者说日常生活中的"在场国家"，无论是在人们心目中的地位，还是在实际上发挥的功能上，都在下降。

村行政组织的这种转变也表现在它在原村人春节仪式中所扮演的角色上。在 1949 年至改革开放这段时期，也就是"全能主义国家"时期，国家触角深入乡村，它是春节仪式的控制者，或力图扮演控制者角色。据村中人讲，村中曾经规定反对上坟祭祀，禁止过年时拜年跪拜，认为是封建残余，还曾经摧毁了许多被定义为"旧"的、"封建"的东西，比如村中的庙宇。再比如，当时销毁了一些人家的祭祖图画，使得"请祖"这种仪式在现在的原村近乎消失。在改革开放之后，在国家力量逐渐收缩时，它还是春节仪式的某种程度上的组织者，比如曾经在春节中组织村中最重要的仪式——放孔明灯，再比如曾经将全村街道上拉上电灯，让整个村庄整夜灯火通明，为春节增加庆祝气氛等。现在，村行政组织已经几乎和春节仪式无关了，它很少参与春节仪式，也不再试图这样做，而人们也并不觉得有什么不妥。基本上，村行政组织及其任职人员已经不再扮演大传统与小传统的中介的角色。对于春节仪式而言，作为国家力量的基层代表，原村的行政组织成了一个"局外人"。

在此，笔者顺便提一下原村的民间组织。除了弱化到几乎不能成为一个组织的宗族和并没有多少力量的、只有宗教职能的"纯粹的"宗教之外，原村并没有什么民间组织可言。有的只是好朋友之间，或者关系较好家庭之间的一种互助行为，这种行为基于个人和家庭之间的友好，形成一种不定时的互助合作，比如农忙时互相帮助、一起劳作，农闲时一起做生意，等等。很明显，这种互助合作是不确定的、松散的，随时可以解除。虽然可以由此发展出一些民间组织，但迄今在原村并没有这样的民间组织出现。不过，就是这样的松散合作，也能够对村中的春节仪式发生一些影响。比如村中重要的放孔明灯仪式，常常是先在几个关系亲密的朋友中酝酿，然后由这些人挑头发起，在全村收取费用，并最终实现放送孔明灯的仪式。最近几年原村中放孔明灯的仪式没有再在村中出现，就是因为在村组织不再"插手"之后，并没有一个组织去完成它，单靠个人的一时兴起而发起，放孔明灯的仪式是不能够长久存在的。不但放孔明灯如此，其他春节仪式也是如此。如果有一定的民间组织，可以接过村行政组织对春节仪式的放任的空间，在笔者看来，无疑是有益的。

第五节　社区中的舆论系统

1. 舆论与乡村社区中的舆论

进入乡村，不能不注意其中的舆论。与城市社区中闭门不问邻居事不同，乡村社区中始终有一种对他人的舆论关注存在。这种舆论关注，形式表现为街谈巷议，表现为背后议论他人是非，场合多为街头聚集，为地头田垄，为农市，或者是在"串门子"之中，情景上表现为唠家常，聊家长里短，心理上是一个人怕人说三道四，畏惧于别人的议论，行为上则是一个人因此而改变自己的行动，或曲折地改变自己的行动。无论如何，在中国，一旦进入一个村庄，都可以感受到这种乡村舆论或多或少的存在。

舆论，在英语中为"public opinion"，即公共意见。在汉语中，《说文解字》中对于"舆"的解释是："舆，车舆也，从车舁声"，又说，"车，舆轮之总名，夏后时奚仲所造，象形，凡车之属皆从"；对于"论"的解释是，"论，议也，从言仑声"。而"舆"与"论"合在一起，是"舆人之论"的意思。在可知的最早"舆""论"连用的记录《三国志·魏书·王朗传》中，有"设其傲狠，殊无入志，惧彼舆论之未畅者，并怀伊邑"之句，其中"舆论"就是用"舆人之论"之意。而舆人本指制造车子的人，进而指代地位低下之人，后来泛指为普通人❶，"舆人之论"就是指普通众人的言论。所以，从中西方词源上说，舆论的基本特征脱不开"公共"和"言论"两者。❷ 在舆论学上，对舆论的考察主要集中在四个要素，即舆论的主体、舆论的客体、舆论的本体和舆论的媒介。其中，舆论的主体指的是舆论的参与者，即公众；舆论的客体指舆论的指向，是舆论涉及的对象，现实社会中各种社会现象、事件、人物、价值观念等都可以成为舆论的对象；舆论的本体指舆论的自身，是舆论的内容，其内涵有人认为是仅仅指公众公开表达的语言意见，有人则将之解释为见解、信念、态度和情绪的总和。❸ 舆论的媒介指的是舆论传播的途径，它通常的形式是口口相传、报纸、电视、网络等。在四要素组合之下，舆论被视为是一个自在的系统，对外界发挥其功能。由此，舆论可以定义为：针对某一现实社会中现象、事件、人物等对象，多数人参与的、具有相当一致性的公共言论。当然，舆论虽然是一个常用的词汇，但对舆论的定义却是多种多样，并没有一个统一的用法。❹ 就本书的研究目的而言，对此倒也不必做更为面面俱到的深究。

中国乡村社会里的舆论，历史地看，古已有之。司马迁在《报任安书》中说，"仆少负不羁之才，长无乡曲之誉"。所谓"乡曲之誉"，当是指居住地流传于里巷之间的乡土舆论。而汉朝重要的选拔人才方式——举孝廉也是靠乡党的称誉，就是乡土舆论。所以，乡村舆论是

---

❶ 程世寿：《公共舆论学》，华中科技大学出版社 2003 年版，第 3 页。

❷ 王晓群："舆论系统小议"，载《中国广播电视学刊》2007 年第 12 期，第 60、61 页。

❸ 陈力丹：《舆论学——舆论导向研究》，中国广播电视出版社 1999 年版，第 14 页

❹ 阮云志：《社会舆论及其调控研究》，合肥工业大学硕士论文 2004 年。

一种古老的舆论形式。作为一个村庄，原村同样存在着古老的乡土社区舆论。笔者在调查中曾经遇到过这样一件事，村庄中五六个人在某一人家门前聊天，其中有一位妇女，姓王，可以称之"王某"。在聊天进行中，突然有人告诉王某，她丈夫张某喝醉了酒，走不回家，需要她去接。王某脸色一变，匆匆忙忙去了。而就在王某刚刚转身走掉，与她刚刚还说笑聊天的几个人就开始对她和她丈夫喝醉这件事进行了讨论，从确定地说她必定要与她丈夫生气大闹一场开始，接着回忆了她以往几次在丈夫喝醉后的打闹，进而说到她丈夫喝酒常醉的坏习惯，再说到她丈夫的为人，又讨论起男人该不该喝酒，话题滔滔不绝，竟至一二个小时不能结束。乡村社区舆论的产生往往如此。值得注意的是，笔者在调查时感到，中国乡村社区的舆论与舆论学中通常所研究的舆论并不完全相同，而是有着自身的特点。它的独特之处表现在它的存在条件和特征上，根据本书的研究需要，笔者对此进行了不完全的总结。

2. 乡村社区舆论的存在条件

首先是熟人社会。村庄具有中国社会的乡土性质，是一个熟人的社会，村中人生于斯，长于斯，老于斯，"这是一个'熟悉的社会'，没有陌生人的社会。"❶ 一方面，大家彼此了解，所以可以由了解而产生涉及彼此的话题，并由此形成舆论，在一个彼此陌生的、也并不关心相邻者是谁的世界里，是很难形成涉及彼此的话题的，也就难有乡土社区一样的舆论的产生。另一方面，在熟人社会里，人与人之间是一生的相伴，除非你迁移出村，不然村中的人你总是要面对，并与之共同生活在有限的空间里。这种不得不一生同在的"伙伴"关系也产

---

❶ 费孝通：《乡土中国》，北京出版社 2005 年版，第 6 页。

生出对议论个人事务的宽容，正如笔者调查时一位村中人所说："大家都住在脸前头（指彼此是邻居），过得去就行。"因此，这种舆论在村中是被允许的，也是不怕被知道的，在一定程度上是公开的。

其次是闲暇时间。闲暇时间是所有舆论得以形成的条件。在城市社区中，舆论关注的多是社会性的话题，内容多是社会公共领域，其舆论得以形成的闲暇时间，表现为上网者的上网浏览时间，表现为存在专门的信息采集者——如新闻工作者，习惯的舆论发起者，如网络论坛的活跃分子，专门的舆论传播途径和场所，如新闻报纸和一些论坛与沙龙。在中国的乡村中，与城市社区中"闲暇时间"转变成"某种专门化"不同，其中每个人都有一定的可以支配的闲暇时间。传统上，因为农业耕作周期的原因，乡村中每年的冬季都有一两个月的"清闲的时日"❶。另外，在平时日子里，阴雨天气也是"农民的星期天"。这些闲暇为乡土社区舆论的产生提供了时间条件。

再次是单调的生活。闲暇时间未必一定产生集中关注个人事务的舆论，就闲暇时间本身而言，可供选择的很多，如可以去旅游，可以泡酒吧，可以上网去了解天下事，闲暇未必滋生出对身边他人的关注，进而产生舆论。在闲暇之外，乡村舆论之所以产生的另一端是单调的生活。"日出而作，日没而息"是对乡村生计方式和生活状态之重复单调性质的一般化描述。单调的生活一方面让人们的目光集中在身边人，另一方面也让人们的话题贫乏，从而也将人们的言论集中在身边人身上。笔者在调查时，有人给笔者讲述了这样一件事，两个人，一个姓田，另一个也姓田。前者是原村人，嫁给张姓人家，可以称之为张田氏，后者田某则是张田氏娘家村庄之人，二人自小认识。张田氏去走

---

❶ 这种清闲并不是无事可做，而是说不需要在田地里劳作而不得休息。实际上，为了生计原因，在冬季农闲时期，很多人家还要从事一些贴补家计的活动，如磨豆腐、卖瓜子等农闲商业性质的小生意。

亲戚，路遇田某，彼此路上聊天问候。田某问张田氏，你儿子结婚了吧，娶了儿媳妇了吧。张田氏回答，没有。然后田某开始说自己娶了儿媳妇，讲起了自己和儿媳妇的"战争"。聊了一会，两人分开，各走各路。张田氏走亲戚回来，又路遇田某，田某对张田氏所说的第一句话又是"妹子，娶几个儿媳妇了？"。张田氏向笔者说起此事，是以一个笑话讲述的，当笔者也表示可笑时，张田氏又说了句："话说回来，也是的，能有多些话说啊。"这就是今天常常所说的"尬聊"了。其实，在乡村社会里，"尬聊"也是常常发生的。因为单调的生活让话题贫乏而常常如是。笔者作为在乡村中长大之人，对此有深刻的体会，比如去田间做活时，去时，碰到村中人，你明明知道他去田间灌溉，你也要问"去浇地啊"，而其他人也会同样问这个人，在回来时，又碰到这个人，你明明知道他还没有灌溉完，你也不得不说"还没浇完呢"，而其他两次碰到这个人也会同样问这个人。不同的是，笔者会为此感到不好意思，而其他人则表现得习以为常。无论如何，单调的生活所造的关注点集中在身边人和话题贫乏是乡村舆论产生的重要条件。

最后是强烈的道德观念。乡村社会是中国传统思想的大本营，其中的人们的道德观念很强，所以，一件事情，如一个普通女孩未婚先孕，在乡村社区中很可能形成舆论，而在城市社区则很可能不能形成舆论。学者认为，舆论的形成首先在于舆论客体的某些特征，这就是公共性、反常性和冲突性。❶ 所谓公共性，就是说舆论客体要能够触及多数人的利益、观念等，以刺激他们的参与；所谓反常性和冲突性，就是说舆论客体"是对常态的打破，惯常的规章、惯常的观念

---

❶ 韩运荣、喻国明：《舆论学原理、方法与应用》，中国传媒大学出版社 2005 年版，第5—24 页。

无法解决的问题"。在乡村，由于人们的道德观念强大，所以私人事务常常被等同于公共事务，一个私人的事件便也具有了某种公共性；也唯其道德观念强大，所以在城市社区中不具有反常性和冲突性的现象、事件，在乡村社区中却可以具有反常性和冲突性。比如，过春节不早起拜年的现象，在城市中大概没什么公共性、反常性和冲突性，而在乡村则会被舆论指责为不懂礼数。事实上，乡村社区舆论的内容充满了对个人事务的道德评价，因为在这里，就群己界限而言，个人领域的范围相对于城市社区而言更为狭窄，这是乡村社区舆论的一大特点。

3. 乡村社区舆论的特点

首先，乡村社区舆论具有较强的道德指向性。如上文所言，就舆论的本体而言，乡土舆论具有浓重的道德评判意味，其源头是传统的社会规范，参与者的言论是一种惯习和无意识的行为，而较少"理性"的成分存在。

其次，乡村社区的舆论具有民间性。就乡村社区舆论的客体而言，它常常指向于私人的行为、事件、道德，将私人的行为、事件和道德作为公共事务来处理。乡村社区舆论并不像城市中的市民舆论，由于这样或那样的原因，如话语权被主观客观因素剥夺，行政上、社会上不重视，客观上没有媒介，没有话语的平台，还有本身的知识体系有限，等等，它很少参与村庄中涉及多数人利益的公共事务，它现在还不能成为村庄中人参与公共事务的一种途径，而只是民间的一种评议。

再次，乡村社区舆论具有有限性。从乡村社区舆论的主体上看，其参与者是一个有限的"多数人"。通常，参与者只是同一个村庄中的人，多者不过扩大到周围的几个村庄。从传播空间的分布上看，乡村舆论局限于一个村庄内或附近几个村子内，有一个有限的空间范围。

又次，从乡村社区舆论的传播途径上看，乡村舆论是人与人之间的口口相传，没有纸张、电视、网络等其他大众媒介的参与，在同一村庄内是如此，再扩大到周围几个村中也是如此，也是由一个村庄中人通过亲戚、朋友、熟人、生意伙伴等传播出去。由于没有具有公信力的大众媒介的参与，所以"道听途说""以讹传讹"也会在其中发生。

最后，从结果上看，乡村社区舆论大大挤压了个人的隐私空间，使得个人的许多事务处于"众目睽睽"的监督之下，造成了一定程度上的"无隐私"。其实质还是如上文所说，以群己界限来看，在乡村社区中，个人领域的范围较为狭窄。

根据上文的分析，笔者对乡村社区舆论这种特殊的舆论形式有了一个新的概念。笔者认为，乡村社区舆论是一种自发的、基于乡土社会的、常常针对私人事务、具有浓厚道德评价性质和参与范围限制的具有某种一致性的公众言论。

舆论学研究者认为，舆论是社会规范和价值观的外化。由此，研究者总结了舆论的社会功能，即认识与评价功能、模拟与预测功能、沟通与调解功能、激励与监督功能、舛误与蛊惑功能。❶ 囿于本书的研究目的，笔者所要考虑的是，如果将乡村社区舆论作为一个外置变量，那么它对春节仪式有着什么样的影响呢，或者说发挥着一种什么样的功能呢？根据笔者的调查，原村的舆论系统对其春节仪式，所发挥的最主要的是一种监督功能，具有保守性的因子。春节仪式的进行和传承并不完全由个人的意愿，或者说是文化系统的先赋性。其实它寓于村中人每一个人的社会化过程之中。这里，村中的舆论系统不但参与了这种社会化的过程，而且对其有一种言语惩罚、道德评判的作用。在原村，每一个新出生或者说新加入的社会成员都要习得村中的春节

---

❶ 阮云志：《社会舆论及其调控研究》，合肥工业大学硕士论文2004年。

仪式，如果一个新成员没有达到村中人公认的规范要求，又或者已经是达到规范要求的成年人，却因为某种原因在春节仪式上表现得有失"水准"，就会受到村中舆论的指责和纠正。下文将谈到，在原村，有大年初一凌晨起来围绕全村拜年的习俗，这一习俗是每个人都需要参与的。一个正在成长的年轻人如果没有正当理由，如仅仅因为贪睡而不去拜年，或者一个长时间离开村子在外求学、做生意的人由于观念变化而不愿意再从事这种仪式，他就极有可能被村中人指责为不懂礼数，或者是被指责为高傲不合群。再如，在原村，在行政上明令不允许春节期间上坟祭祀祖先的时候，全村人却并未实质性地停止此项墓祭活动，这一来是因为原村人受传统观念的支配，二来也是因为每个原村人都怕被人议论。另外，还可以从一些谚语中窥见乡村舆论的此类监督功能，如原村有这样的说法，"过十五不过十六，过十六死她婆婆和她舅"。其中"过十五"是指新婚夫妇到妻子娘家过元宵节的礼俗。根据礼俗，新婚夫妇最多可以在妻子娘家停留到十五，一定不能超过"十六"，即元宵节第二天。所以，传统上，所有"过十五"的人都是在元宵节晚饭后，在夜色中赶回丈夫家中，无论路程远近。即使有不得已的事情，也会在天不亮，趁凌晨的漆黑走掉。因为在原村人的观念里，一天的开始始于天亮，而不是始于北京时间的零点。谚语在这里，其实便是对"过十五"这种礼俗的一种监督和维护。

当然，以上的分析将乡村社区舆论系统看作了春节仪式的一个外置的自变量。其实，社会舆论系统并不是一成不变的自变量，根据社会舆论系统的存在条件，它也是一个因变量。

第三章 走出"地方性"：
流动、信息与眼界

"地方性"是美国著名文化人类学家格尔茨提出的一个术语。格尔茨认为，"'地方性'显然是个'相对的'词语"，但与一些学者所认为的和所采用的用法不同，在格尔茨看来，与"地方性"相对的并不是"普遍性"，而是"另外的""地方性"，是作为"他者"的另一个或一些"地方性"，"这个对立不是'地方性知识'和'普遍性知识'的对立，而是一种地方性知识（比如神经病学）和另一种地方性知识（比如民族志）的对立。"之所以如此，是因为在社会科学和人文科学中，普遍性知识就本质上而言是不存在的，"没有人知道一切，因为不存在知道一切"，所以全称命题、一般化概括或定律等形式的普遍性知

识，其实都是证据不足，不足为信，以及浅薄、没有思想力量的。❶

另外，在格尔茨看来，"地方性"具有本体论和方法论意义。一方面，地方性知识指的是一种与特定地方相关联的、与这个地方的人们的环境和生活相关联的具有特殊性的知识，由此，格尔茨认为，人们——至少是在人文科学里的人们，应该去探求这种特殊性知识，而不是所谓的普遍性知识。"至少在人文科学里，那么地方性知识——游泳者具有的，或者说游泳可能发展出的那一类——最不济也可以抵挡住普遍性知识——水文学家具有的，或说断言型方法总有一天即将提供的那一类——的进攻。再说一遍，这不是我们思想的形态问题，而是它的天职问题。"❷ 另一方面，"地方性"意味着一种认知立场，即对于知识生产的局限性的洞察和坦诚，"意识到我们全是罗纳多·罗萨尔多（Renato Rosaldo）所说的'特定位置或特定处境下的观察者'（positioned or situated observers），这是它（指"地方性"研究风格或认知论——笔者）最动人、最赐人力量的特征之一。抛弃源于'不知所自来的观点'（'我已洞见实在，它是真实的'）的那种权威，这不是损失，它是收益。"❸ 同时，地方性还意味着，在不同的"地方性"相互比较之下，可以深化对于每一种"地方性"的理解。

本书在这里使用"地方性"这一词语，指的是：（1）原村人在生产生活上走出原来的地域上的范围限制，这范围由杜赞奇所说的包括市场、宗族宗教等组织和人际关系网等组成的"文化网络"的范围所限定；这契合我国著名学者费孝通的"地方性"概念，他认为，中国乡村社会传统上"是富于地方性的。地方性是指他们活动范围有地域

---

❶ ［美］克利福德·格尔茨：《烛幽之光》，甘会斌译，上海人民出版社 2013 年版。

❷ ［美］克利福德·格尔茨：《烛幽之光》，甘会斌译，上海人民出版社 2013 年版，第 130 页。

❸ ［美］克利福德·格尔茨：《烛幽之光》，甘会斌译，上海人民出版社 2013 年版，第 127 页。

上的限制，在区域间接触少，生活隔离，各自保持着孤立的社会圈子"❶。（2）原村人的地方性知识与其他的、作为"他者"的地方性知识之间发生接触，由此他们原来的地方性知识，包括春节仪式，都有所改变。

第一节　流动、生活半径和社会交往

　　社会流动是社会学最核心的研究主题之一。在社会学中，社会流动也称为社会位移，指社会上的人或人群的社会地位、社会位置的变化，既包括在社会关系空间中的位置变化，也包括地理空间中位置变化。众所周知，我国自上世纪 80 年代末 90 年代初以来，出现了一个农民进城务工的乡—城流动大潮，人们常常称之为"农民工流动"。据国家统计局发布的《2017 年农民工监测调查报告》，2017 年全国农民工总数超过了 2 亿 8000 万人，其中，居住在城镇地域内的"进城农民工"有 13710 万人。

　　然而，这种所谓"农民工流动"只是一种不完全的流动，因为他们只是改变了自己的职业，而并没有在城市里留居下来，并没有成为城市里真正的市民，也并没有拥有与城市市民一样的权利和心态。实际上，他们多处于一种"流而不迁"的状态，所以有的学者称之为"钟摆式流动"❷。虽然随着农民工在城市中工作时间的增加和能力的增强，特别表现在家庭化流动形式的出现和占据主导地位，以及市民对他们的态度改变和城市容纳能力的增加等，农民工的流动出现了"候鸟式流动"和"迁徙式流动"两种流动类型，或者如有的学者那

---

❶　费孝通：《乡土中国》，北京出版社 2005 年版。
❷　周大鸣：《永恒的钟摆——中国农村劳动力的流动》，载柯兰君、李汉林主编：《都市里的村民——中国大城市的流动人口》，中央编译出版社 2001 年版，第 304－305 页。

样将其分为"就业型流动"和"定居型流动"两种。[1] 农民工的进城流动，既是一种空间位置上的流动，也是一种社会结构位置上的流动。它的形成与变化，一方面是因为经济发展与城市化的原因，另一方面在很大程度上是受到了国家政策变化的影响。我们可以稍稍列举下已经众所周知的、与农民工进城流动密切相关的一些政策。1958 年的《户口登记条例》，明确规定"公民由农村迁往城市，必须持有城市劳动部门的录取证明，学校的录取证明，或者城市户口登记机关的准予迁入的证明，向常住地户口登记机关申请办理迁出手续"，从此建立起了以户籍制度为主导、以粮食统购统销制度、人民公社制度、劳动就业制度、社会保障制度为辅助的"城乡二元分割制度"。1983 年，《中共中央、国务院关于实行政社分开建立乡政府的通知》印发，标志着限制农民流动进城的组织设置——人民公社开始走向解体。1984 年，中央一号文件规定，"各省、自治区、直辖市可选若干集镇进行试点，允许务工、经商、办服务业的农民自理口粮到集镇落户"。1985 年的中央一号文件又规定，"在各级政府统一管理下，允许农民进城开店设坊，兴办服务业，提供各种劳务。城市要在用地和服务设施方面提供便利条件"。从此之后，农民工流动进城方才逐渐解冻。1992 年，由于乡镇企业发展陷入困境，"离土不离乡"的农民工流动模式发生变化，加上国家在邓小平南方谈话后大力发展开发区，所以在这一年，农民工"离土又离乡"的进城潮突然出现。1993 年，《国务院关于加快粮食流通体制改革的通知》中提出"积极稳步地放开粮食价格和经营"，"全面放开食油购销价格和经营"，城市中的粮油计划供应和经营的制度失效，意味着进城的口粮问题不再成为问题。同年，中共十四届三

---

[1]　胡继妹："农民工流动类型的分析及政策建议——以浙江省的长三角城市为例"，载《理论前沿》，2008 年第 14 期。

中全会提出，允许农民进入小城镇务工经商，发展农村第三产业，促进农村剩余劳动力转移。中国的农民工流动进城遂成为不可阻挡的大势。

与此大势一致，自 20 世纪 90 年代以后，原村人也逐渐开始了大规模离开农村外出务工。为了了解原村人外出务工的情况，笔者采用问卷调查的方法，对原村的 384 户家庭进行了抽样调查，调查了其中的 50 个家庭，设置了"您出去打工了吗""您在什么地方打工""打工做什么工作""您家里有几口人出去打工"等问题。通过调查发现，在这 50 个家庭中，没有人口进城务工的家庭仅有 6 家，占所有抽样家庭总数的 12%，其余 44 家都有人口进城务工，占样本总数的 88%。其中，有一人进城务工的家庭有 22 个，占样本总数的 44%，是所有进城务工家庭的 50%；有 2 人进城务工的家庭有 8 个，占样本总数的 16%，是所有进城务工家庭的 18.18%；有 3 人进城务工的家庭有 7 个，占样本总数的 14%，是所有进城务工家庭的 15.90%；有 4 人进城务工的家庭也是 7 个，占样本总数的 14%，是所有进城务工家庭的 15.90%。

从数据上看，进城务工已经涉及全村 80% 以上的家庭，而每个家庭平均大约有 $1 \times 22/44 + 2 \times 8/44 + 3 \times 7/44 + 4 \times 7/44 = 1.98$ 人，即约有 2 人出去务工，按此计算，原村全村 384 户家庭中大约有 768 人进城务工，是全村总人口 1284 人的 59.81%。由此可见，进城务工已经成为涉及原村全村多数人的一种日常生活中的"身边的"现象，也成为全村人口流动的一种主要形式。

问卷也调查了原村人进城务工的目的地或者说是出村流动的所在地。国家统计局在《农民工监测调查报告》中也从流动所在地角度对农民工流动的类型进行了划分，其采用的是二分法，即分为"本地农民工"和"外出农民工"。其中"本地农民工"指的是"在户籍所在乡镇地域以内从业的农民工"，而相对地，"外出农民工"指的是"在户籍所在乡镇地域外从业的农民工"。根据本书研究的目的和问卷调查所得到的数据的实际，这里将原村人出村流动的所在地分为三类，第一类是不确定或在此次问卷调查时没有写出的，此种类型有 13 个，约占总数的 29.54%。第二类是属于未出省的类型，即在山东省境内务工的，这主要包括山东的烟台、威海、青岛、潍坊等地，此种类型有 16 个，约占总数的 36.36%。第三类属于在山东省外务工的类型，这主要包括山西、宁夏、天津、北京、广东、江苏、浙江等地，有 15 个，约占总数的 34.10%。从这些数据可以作一个简单的推论，即原村人外出流动主要是远程的劳务输出，省内地点主要集中在山东沿海地区，而原村距离山东沿海地区已算遥远，如与青岛的距离和与北京的距离差不多相等，都是 600 多公里；省外地点最近的地方是天津、北京，远则可达宁夏、广东。由此可见，原村人因外出务工而流动的距离非常之远。另外，这些进城务工的原村人，或者一年回村一两次，即夏季麦熟回村收麦和春节回村过年，或者一年之中仅仅春节回来几天，特殊者也偶尔有一年之中不回来的情形。外出流动的时间已经远远超过了他们在村中停留的时间。原村人的出村流动，从人数、距离、时间三个维度来衡量，都可以得出"流动剧烈"的结论。

当然，上面的数据并没有反映出原村人中的"本地农民工"类型，而主要是"外出农民工"类型，原村人称之为"出外打工"。实际上，原村人中也存在着"本地农民工"类型的务工流动，比如自己做生意，从而进入附近的城镇生活，还有少数人在其中买了房子的。

大比例人数的、大范围的、长时间的流动首先影响的是人们的活动空间。中国乡村传统上是一种定居农业社会，形成了一种基于地缘、血缘等社会关系之上的相对独立的社会生活圈子，正如费孝通所认为的那样，"以农为生的人，世代定居是常态，迁移是变态"，中国传统乡土社会"人口的流动率小，社区间的往来也必然疏少"，人们"活动范围有地域上的限制，在区域间接触少，生活隔离，各自保持着孤立的社会圈子"，而"孤立和隔膜并不是以个人为单位的，而是以一处住在的集团为单位的"。❶

就原村而言，村中人大多数终其一生的活动空间范围都非常小，可能仅仅在周围几个村子，十几公里之内，稍好的情形也就是扩大到周围几十公里范围内，有人去过距离在 23 公里左右的县城，已经被原村人认为是远途，如果有人出了山东省，则被认为是某种意义上的一种"壮举"。笔者调查时发现，原村现在还有年老者没有去过县城，而去过县城的人中有相当比例是在改革开放以后，很多人离开所在的菏泽市范围，去省内其他市，或者去省外其他地方，是在进城务工大规模流行之后才有的事情。

对于中国乡村社会中人们活动空间的范围或限度，或者说人们社会交往的范围或限度，学者们也提出了一些不同的观点。在施坚雅的市场体系理论中，中国乡村社会中人们的社会交往范围等同于或局限于"基层市场社区"的范围，"如果可以说农民是生活在一个自给自足的社会中，那么这个社会不是村庄而是基层市场社区。……农民的实际社会区域的边界不是由他所住村庄的狭窄的范围决定，而是由他的基层市场区域的边界决定。"❷ 基层市场社区是由一个作为市场中心地的基层集镇及其附属或辐射的村落所组成的，其范围大致是"可以让最边远的村民能够不费力气地步行到集上——这段距离为 3.4 到 6.1 公里"❸。在施坚雅看来，中国乡村社会中的人们不仅在基层市场社区内进行买卖、借贷、雇佣等经济活动，而且也在此范围内并且常常局限

---

❶ 费孝通著：《乡土中国》，北京出版社 2005 年版。
❷ 施坚雅：《中国农村的市场和社会结构》，史建云、徐秀丽译，中国社会科学出版社 1998 年版，第 40 页。
❸ 施坚雅：《中国农村的市场和社会结构》，史建云、徐秀丽译，中国社会科学出版社 1998 年版，第 44 页。

于此范围内进行婚姻、宗族、庙会等社会交往活动。❶ 杜赞奇并不完全同意施坚雅，他提出了"文化网络"的观点，认为市场包含在文化网络中，而文化网络是"由乡村社会中多种组织体系以及塑造权力运作的各种规范构成，它包括在宗族、市场等方面形成的等级组织或巢状组织类型。这些组织既有以地域为基础的有强制义务的团体（如某些庙会），又有自愿组成的联合体（如水会和商会）。文化网络还包括非正式的人际关系网，如血缘关系、庇护人与被庇护人、传教者与信徒等关系。"❷ 在杜赞奇看来，中国乡村社会中人们社会交往活动的范围并不完全与基层市场社区范围重合，人们的社会交往活动也并不仅仅通过市场体系来进行，而是通过文化网络中的各种组织体系来进行的。总而言之，虽然施坚雅和杜赞奇的观点有所不同，但两者也有很多的共同之处，即中国乡村社会中的人们其社会活动的范围虽并不限于他们所居住的村庄之内，但也有一定的范围局限，他们能够依靠包括市场、宗族宗教等民间组织、人际关系网络等途径而扩大自己的社会活动范围，超越于村庄之上，但这些途径及其提供的范围毕竟也是有限度的，也将乡村社会中的人们局限在一定的范围之内。这对于进城务工没有大规模出现之前的原村人也是适用的。

　　我们可以用"生活半径"的指标来衡量进城务工没有大规模出现之前的原村人的社会交往状况。"生活半径"并不仅是一个空间概念，还应该包括经济、文化、行政、社会上的量度。这里可以用"边界确定"的方法来确定"生活半径"。生活半径的"空间边界"指的是人活动的纯粹的空间领域，生活半径的"经济边界"是指人经济活动的

　　❶　施坚雅：《中国农村的市场和社会结构》，史建云、徐秀丽译，中国社会科学出版社1998年版。
　　❷　［美］杜赞奇：《文化、权力与国家——1900—1942年的华北农村》，王福明译，江苏人民出版2006年版，第18页。

范围，生活半径的"文化边界"是指人的价值观和文化认同的范围，生活半径的"行政边界"指的是人的行政隶属的范围，而生活半径的"社会边界"则是指人的社会关系网络范围。在传统的乡土中国社会里，这五种边界基本上是重合的。❶ 由此，根据上文的描述和讨论，无论从空间、经济、行政、文化还是从社会上衡量，进城务工大规模流行之前的原村人的生活半径都符合施坚雅和杜赞奇的理论，即虽然并不限于原村一村之内，但也局限于由市场、宗族、宗教等组织以及人际关系网络等交织而成的文化网络可达的有限范围之内。

然而，随着进城务工流动的出现和逐渐增强，乡土社会中的人们的生活半径也在发生变化。根据调查，原村人生活半径中五种边界因为进城务工的流动而有着不同的变化，其中，"空间边界"和"经济边界"无疑是扩展了，"行政边界"几乎没有什么变化，而"文化边界"和"社会边界"则处于一种渐变之中。

流动和生活半径的扩展也让原村人的社会交往发生了变化。以前原村人交往的对象多是熟人社会中的"熟人"，在身份、职业、文化、价值观念、成长历程等方面都与自己类似，在很大程度上可以看作与自己"社会属性同质"的人群。现在，随着流动性的增强，生活半径的扩展，村中人离开了自己居住和生活的熟人社会，有更多的机会接触到与自己"社会属性异质"的人群，社会交往的对象中这些"社会属性异质者"比例也开始逐渐提高。当然，正如大多数学者调查和研究发现的那样，进城务工的农民工其社会交往一样是"同质性"的社会交往，由于受到制度性障碍、城市市民歧视等因素影响，只能局限于农民工群体内部，如血缘群体、地缘群体内部，他们很少与城市市民交往，且在这些少量与城市市民的交往中，功利性交往居多，情感

---

❶ 李培林：《村落的终结——羊城村的故事》，商务印书馆 2004 年版，第 35—42 页。

性交往稀少。❶ 进城务工的原村人的社会交往也呈现出这种特点。根据笔者调查，原村进城务工的人通常是以老乡带老乡、熟人介绍等形式出去的，在没有熟人介绍或带领下，村中人很少贸然外出务工，这也是一种传统意识中的小心谨慎。在务工的目的地，由于是在熟人带领下前来的，进城务工的原村人接触最多的也都是自己的老乡或亲戚，由于很难融入城镇，加上在心理上将自己看作城镇中过客的想法，其活动范围也基本局限在自己的工作范围内，但无论如何，进城务工，让他们比以前在乡村中生活有了更多机会接触异质性的他人，而接触机会的增大，也必然带来交往机会的相对增加。而且，一踏入异乡城镇，原村进城务工的人就接触到了一个某种程度上的"他者世界"，这不仅包括与自己不同的他者意义上的"人"或"人群"，也包括有着他者意义的物质世界和文化价值体系，虽然以前他们通过电视、收音机等传媒看到过、听到过外面的某种程度上的"他者"世界，但这次是身临其境，亲身体验，其意义自与通过传媒得到的不同。可以说，因为进城务工而形成的流动让原村人第一次遇到了一个他者，也使他们在他者之上开始有意识或无意识地在一定程度上审视、反省自身。同时，其自身也卷入了更广大的社会网络之中。

---

❶ 转引自：王春光. 新生代农村流动人口的社会认同和融合关系［J］. 社会学研究，2001（3）. 刘丽. 新生代农民工"内卷化"现象及其城市融入问题［J］. 河北学刊，2012（4）. 叶鹏飞. 探索农民工城市社会融合之路——基于社会交往"内卷化"的分析［J］. 城市发展研究，2012（1）. 秦琴，方盼盼. 对新生代农民工内卷化现象的探究——以社会资本为切入点［J］. 河北青年管理干部学院学报，2012（2）. 左鹏，吴岚.［J］. 北京青年政治学院学报，2012（1）. 陈政，何健雄，张亨溢，陈晓亮. 逆城市化背景下长沙农民（工）城市融入"内卷化"测度与空间分异［J］. 云南地理环境研究，2018（2）. 潘旦. 增权理论视角下农民工自组织的社交增权功能研究［J］. 浙江社会科学，2017（7）. 田北海，耿宇瀚. 生活场域与情境体验：农民工与市民社会交往的影响机制研究［J］. 学习与实践，2014（7）.

第二节　电视、网络以及其他信息渠道

　　除了流动的身体参与"走出地方性"之外，原村人可以借由超越空间或者更确切地说超越场所限制的途径，就是传媒了，主要包括电视、网络以及墙体广告等其他"乡土性"的媒介。

　　在 20 世纪 80 年代初期，电视开始出现在原村精英人物的家中，如村支书、村电工等人，而拥有电视在当时也被认为是"有本事的人"。由于电视的稀缺，电视除了作为一种信息工具和娱乐工具之外，还成为了一种社会交往工具，或者可以说是一种社会交换的工具。家中拥有电视且容易"说话"的人家，其电视是共享性的，其家中一到晚上往往成了一种社交场所，屋子里挤满了前来观看电视的人，虽然在当时能够收看到的电视频道和节目都非常少，但人们却都看得津津有味。有时候，共享电视的主人家里有些随手可得的活计，比如剥棉花、剥玉米之类，前来观看电视的人们便会一边看电视一边帮着主人家忙活这些活计，这也算是一种互惠或者说是交换。现在，这些已经成为了过去式。主要原因是电视已经成为了原村家庭中的普及物。根据笔者调查，原村现在几乎每家都有电视，有些家里还有两台或两台以上。电视再也不会被作为身份和富有的标签，也不再充当某种交换的工具。由于有线电视在笔者调查时还仅仅到达原村所属的镇上，所以原村中电视信号的接收并不靠有线，而是使用一种家庭用的外置天线。使用这种天线，电视所收台数不多，全国性的电视台有中央台 1 套、中央 7 套等，省内的频道有山东卫视、齐鲁卫视等，而其主要接收到的是所属和周围市县一级的电视节目，即菏泽市、巨野县以及周边市县的电视节目，与有线电视相比，在频道数量和节目丰富性上都有差距，并不能够如有线电视一般接收到其他省市的卫视节目，但相

比从前，却也进步不少。另外，原村中许多家庭私自安装了卫星信号接收装置，俗称"大锅"。虽然这样做违反了国家法律，但这样以来，电视所接收频道和节目就更加丰富了，可以有二三十之多，所以原村中安装"大锅"的家庭呈现增长趋势。

电视之外，另一种信息渠道——网络也开始进入原村。在 2007 年，智能手机最重要的开创者和代表——苹果公司的 iphone 第一代才刚刚问世，对于大多数中国人而言，包括原村人，身边的或随身的移动网络，还是一种天方夜谭，那时，网络是与电脑绑在一起的。2008 年，原村中出现了一个经营性的"非法"网吧。经营者是村中的一个男性，年龄 25 岁，常年进城务工，在外面开车。他对笔者说，在春节回来的时候，因为闲来无事，所以买了几台电脑，然后采用包月上网的形式，在自己家一间空闲的房子里开了一个简易的网吧。

图 3-1　原村简易网吧之一角

网吧中总共有 6 台电脑，而前来上网的人是原村中或周围村中十几岁到二十几岁的青少年。上网的内容除了聊天，就是打游戏，很少注意到网上的其他信息。笔者在调查时曾多次进入网吧，也仅看到一个原村中的大学生没有聊天或打游戏，而是在此查找自己假期作业需要的信息。另外，这个简易网吧仅在春节期间营业，据经营者告诉笔者，由于过了元宵节他将进城务工，而且村中年轻人也差不多都离开了村子，基本再没有什么人前来上网，所以他的网吧就是春节"这几天开放，自己玩加赚点小钱"。从营业时间上说，这可谓是一个"春节"网吧。无论如何，网络在原村人的世界里仅仅是一个娱乐、交友的渠道，原村人并没有将其作为更广阔用途的意识。不过，网络入村，一方面说明很多原村人接触过、并掌握了上网知识，根据笔者调查统计，原村人中大约有四分之一会上网或者曾上过网；另一方面，网络入村也说明原村人有了另外一个信息渠道方面的选择，其本身就足以说明原村人在信息接收、传递上的一种变化。

电视和网络其实只是原村人可得的"较新"的信息渠道，两者之外，原村人还有一条与外界联系的"较有乡土性的"信息途径，那就是墙体户外广告。传统上，乡村的信息传递是在口头和墙上进行的。口头是指在朋友之间、亲戚之间的人对人、口传口的语言形式的信息传递。墙体是指以涂写在墙上的方式进行的信息传播。

图 3-2　写满广告信息的乡村墙壁

走进乡村，到处都可以看到墙体广告，位置在路边的墙体，几乎没有多少有干净的面孔，上面写满了文字。内容除了宣传性质的标语之外，便是一些广告，比如某某地治疗某种疾病，某某地出售某种机械、化肥，某某地有什么机械设备出租，等等。广告信息出现在墙体上，当是在上世纪70年代末80年代初的改革开放之后，因为在这之后才有了市场经济，才需要也才被允许这样的广告存在。

因为传统的乡土社会是个相对封闭的社会，不但人们的生活半径被限制在"文化网络"可及的方圆十几公里之内，人们可得的信息由于接受途径的限制，只有口头、墙体等形式，也主要被封闭在方圆十几里的一个有限的空间内。现在，由于信息途径的扩展和人员流动的增加，原村人接收到的信息范围越来越广，距离越来越远，表现在电视上就是接收到的频道和节目越来越丰富，表现在网络上就是开始接触网络这种信息途径，表现在墙体上就是墙体广告内容越来越多，传播距离越来越远，出现了跨省传播的墙体广告，同时也出现了不写在墙上，而是固定在墙上的有图画、色彩的户外广告。无论如何，由于接触到的信息传媒的增加和信息传播量的增大，原村越来越融入与外界世界的信息网中。

当然原村还有其他信息渠道，那就是具有官方性质的通知，主要是以村广播、宣传栏等途径传递的政府的指示、讲话、政策、法律及其解读。黄树民在《林村的故事》中认为，这种形式的信息传递，有助于乡村中的人们走出地方性，形成一种全国统一的文化，"政治机构深入村级单位，村中干部以充满政治术语的辞令，每日宣导党中央的指示。……这一切似乎撤除了传统地理及社会的藩篱，助长了全国单一文化的形成"❶。这当然是有道理的，但其实所有有助于乡村社会中的人们走出地方性的手段，包括上文所说的人们的身体参与其中的进城流动、电视传媒、网络传媒、墙体信息等，都有可能发挥此种功能，有助于形成一种全国单一文化。

第三节　指向外界的、"现在时间"的眼界

指向外界的眼界，这里用这个长长的短语来表述原村人由于流动、信息扩展、生活半径扩大、社会交往变化等原因所带来的一种主观意识的变化。

在传统的中国乡村里，生活者的眼光是内敛的，是向内的，由于定居生活和生活圈子的有限性，人们并不能够确切地知道自己生活半径之外的世界在发生着什么，所以才会发生"叫魂"之类的妖术大恐慌事件。当然，据学者研究，清朝乾隆年间发生的此一事件，是由于统治者焦虑、官僚体制、经济发展、巫术信仰等多方面原因所造成的，但由于生活圈子封闭而导致的对陌生人的不信任和信息的匮乏也是其中的重要原因。❷ 同时，人们也并不在意自己生活半径之外的世界发生了什么，哪怕是改朝换代，村中人依然是故我地生活。在他们看来，最重要的是"平安"和"香火延续"，而不是自己所不能确切达到的外界正在和真实地发生了什么，只要外界发生的事情不影响其生活平安和香火延续，都是可以不看、不管和不问的。"国之大事，在祀与戎"，民之大事，在生与嗣，现世的生存生活和有没有后代来延续自己

　　❶ 黄树民：《林村的故事：1949 年后的中国农村变革》，素兰、纳日碧力戈译，北京三联书店 2002 年版，前言第 21 页。
　　❷ 孔飞力：《叫魂——1768 年中国妖术大恐慌》，陈兼、刘昶译，上海三联书店 1999年版。

和自己家族的血脉，才是头等的大事。即便在现在流动性增加的情况下，原村中很多人的想法依然如此，他们将自己的全身心投入到赚钱中，特别是离开村子、进城务工之中，但他们赚钱的目的并不仅仅是为了自己生活得更好，这当然是其中的一个原因，但在原村人看来，努力赚钱还有更重要的目的，那就是为了子孙后代，为了完成自己的"任务"。在原村中，人们经常会说到"完成任务"这个短语，也经常说到"你看你都没事了"，这个"没事了"并不是说某某人无事可干了，或者是某某的什么麻烦终于得到了解决，而是指"人生的任务完成了"或"人生的头等大事完成了"，而这"任务"，这"头等大事"，不是自己事业有成，或者说是自己结婚生子，而是指为自己的儿子娶上了媳妇，完成了抱孙子或者说是延续后代的任务。笔者在调查时曾遇到这样一对夫妇，他们赚钱的目标是 10 万，之所以有一个这么具体而明确的数字，是因为他们只有一个儿子，有了 10 万块，以市场行情看就可以盖一栋楼，娶个儿媳，他们一生的任务也就算完成了，而他们都才仅仅三十多岁。当笔者与他们讨论起这个问题时告诉他们，现在许多人们的思想，已经不必再为子女考虑这么多，可以不给儿子盖房子娶媳妇了，但他们认为，为儿子盖房子娶媳妇是天经地义的事情，是头等的人生任务，并反问笔者，"你父母没给你盖房子吗"。可以看出，这是一种指向下一代的、具有"未来时间"观念的内敛的眼光。那个著名的放羊娃的故事就是对此种观念的隐喻。"放羊干啥？""挣钱。""挣钱干啥？""娶媳妇。""娶媳妇干啥？""生娃。""生娃干啥？""放羊。"不过，随着进城务工流动和信息传媒的丰富多元，原村人这种内敛的眼光正在改变，改变成一个"指向外界"、注重"现在时间"的眼光。所谓"指向外界的"、注重"现在时间"的眼光，在这里主要有两层含义：一是指原村人的眼光由"向内"到"向外"转变，由于进城务工和信息传媒的多元等原因，他们走出了原来的生活半径范围，对外界的关注大为增强，从对外面的世界不怎么感兴趣、不怎么在意到不得不在意，再到感兴趣和主动关注；二是指原村人在关注外界时，在作为他者的地方性知识与自己的地方性知识遭遇的时候，开始在他者之上而有意识或无意识地审视自身。这种审视，在统一的国家认同下，基于经济力量对比上的弱势和传统上对城市里精英人物、文化的膜拜，常表现为对城市中流行价值观念和生活方式的一种不加区分的崇拜和效仿。也就是说，当原村人走出自己的"地方性"，其所遭遇到的作为他者的地方性知识常常是以"普遍性知识"和"现代性知识"乃至"科学性知识"的面目出现的，所以他们在意识上更可能会选择走向后者。这种情况在审美方面上表现得最为明显。服装和仪表是外在的最明显的表现，现在，原村人着装有明显向城里人靠拢的倾向，在款式、色彩和搭配上都是如此。在农闲时节，当大家都穿戴整齐，自外表看，与城里人并无太多区别。在仪表上，人们也开始注重学习城里人的对于身体修饰的观念和行为。笔者调查时，原村里有一个姑娘割了双眼皮，引起了村中人的议论，有人说好看，有人说不好看，有人觉得无所谓，有人觉得是有钱乱花，然而，割了双眼皮的姑娘还是一如既往地出门，并没有因为人们的议论而觉得不妥。这种对城市里价值观念和生活方式的仿效，客观上造成了各种新技术、新的生活方式的普及，如洗衣机、电冰箱开始走入每户家庭。当然，不加区分地崇拜和仿效也容易导致变异。笔者调查时，原村人开始流行喝豆浆，也有越来越多的家庭开始购买豆浆机，以取代原来的早餐方式。追究起来，城市中人们早餐喝豆浆，是因为快节奏的生活，只好早餐从简，而乡村中的生活并不繁忙，即使在农忙时节也一向都有足够的时间做一份丰富的早餐，现在舍弃自己的丰富而选择城市的单薄，无疑是在遭遇到经济力量比自己强大的他者时一种否定自我和借用他者的倾向使然。这种倾向落在春节上就是对城市中春节仪

式的仿效，并认为自己村内存在的但城市中找不到的春节仪式形式是
不可取的。现在村中有些进城务工的人回来后不愿意在正月初一起来
跪拜磕头，并认为"现在谁还兴（流行）磕头啊！"便是这种倾向的
一种表现。另外，原来原村中元宵节要放烟火，使用的是一种自制的
俗称为"火鞭"的东西，现在很多人不喜欢了，改为放礼花，也是这
种倾向的一例。

第四章　原村春节仪式及其变迁

第一节　以村庄为单位的集体仪式

1. 放送孔明灯：全村人的仪式盛宴

在传统上，夏历的正月十五为元宵节，"主要活动是观赏灯火，所以也称为灯节"，据《山东省志·民俗志》所说，元宵节观灯的风俗是一个久远的传统，在唐代的时候就已经确定了，"唐朝以前，有腊月赏灯的习俗，是汉明帝从西域引进的。……西域腊月晦日，称为大神变，该日烧灯裱佛。汉明帝引进以后，逐步发展为赏灯。唐代把赏灯的时间定为正月十五。"❶

---

❶　山东省地方志编纂委员会编：《山东省志·民俗志》，山东人民出版社 1996 年版。

原村也有赏灯的习俗，但这灯并不是通常的"花灯"，而是"孔明灯"。在正月十五的夜晚，原村人会放送并观赏孔明灯。原村放送孔明灯的历史已经非常久远，据孔明灯的制作者说，在他爷爷辈的时候，村中就已经有了在元宵节放送孔明灯的习惯。也就是说，至少经过了三代人的两次传递了，符合希尔斯的传统定义，确实可以称为是原村的一种传统。就绝对时间而言，这位孔明灯的制作者已经七十多岁了，他口中所说的爷爷辈的时代由现在推上110年❶，大概在清朝末年民国初年，在村中的传承上已经有五六代人了。而放送孔明灯，原村人的说法是，可以上溯到明朝的军方信号灯。

> 云灯有好久了，据说朱元璋那时候就有。……我们村撒
> （放）云灯那也好久了，……至少我爷爷那时候就有了。

原村人话语里称"放送孔明灯"为"放云灯"或"撒云灯"，它是将一种纸制圆柱形大灯，借助燃烧产生的气体放送到空中，直至遥若星辰的一种众人参与的仪式。在原村，放送孔明灯是全村人都能够参与、事实上也都参与的一种仪式，从某种程度上说它是全村人的一场盛宴，也是村中人的期待和骄傲。在原村人的视野和认知范围内，只有自己的村庄有放孔明灯的习俗，只有自己的村庄能够放送孔明灯，这种放送不仅有同村人的热情参与，邻近村庄的人们也会赶来围观，因此在他们看来，放孔明灯是自己村庄的特色，是自己村庄的属性范围之内的特征。

> 别的（村）庄上的人也都来看（放云灯），好多呢，有
> 大小姜（江）庄、前（仓）集、李胡同、曹海，❷很多（村）

---

❶　按孔明灯制作人整数年龄70岁计算，并按20年一代人，孔明灯制作人的爷爷辈是由此以上的70 + 20 + 20 = 110年。

❷　这些都是原村附近的村庄。

庄上（的人）都来看。

笔者在进行问卷调查时，有些原村人看到问卷上有撒云灯的选项问题时，惊讶地问，"别的地方也撒云灯？"话语里有浓浓的不怎么相信的味道。这也稍稍透露出原村人将放孔明灯视为自己村庄特征的心理和认知状态。

孔明灯通常固定在农历正月十五，即元宵节的夜晚放飞。在这一天，每个原村人心中都在期待，早早吃过晚饭的人们彼此谈论着，"今天撒云灯"，"撒几个云灯"，有人会迫不及待去看做好的孔明灯，有人则去撒云灯的地点等待。当夜幕初降，村中人层层围起来，孔明灯被抬出来，火焰点燃后，在众人的叫喊声中，孔明灯慢慢升起，直到如天上星辰一般，众人仰观，猜想着孔明灯将落入何处。这时的场景里，每个人都沉浸在一种满足和幸福中。

原村的孔明灯制作并不复杂，主要材料有白纸、竹子、铁条、棉絮和柴油。孔明灯高 1.7～1.8 米，自下而上有三个直径相同的竹圈，直径通常在 1.2～1.5 米，最后一个竹圈上有环环相扣的铁丝圈，其上加上棉絮，浇上柴油，以点燃充当孔明灯的飞升的动力。孔明灯的大致形制见图 4-1。

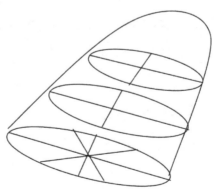

图 4-1　原村孔明灯的大致形制

90

　　孔明灯的制作人是固定的，主要在张姓的两户人家，而这两户人家是堂兄弟家庭，他们制作孔明灯是祖传的。现在这两个堂兄弟一个80岁，一个70多岁，都是儿孙满堂的人，而他们的儿子、孙子辈也都有人会制作孔明灯。

　　孔明灯虽然制作简单，用村中人的话说，是"花费不了几个钱"，但毕竟还是需要钱的，在资金上也需要一个组织者。这个组织者通常是不固定的村中活跃人士。笔者曾经访谈过一个多次组织放送孔明灯并负责在村中收取相关费用的人。据他说，大部分时候是由他带头拉着几个人收钱的，有的年份也有其他人带头收钱。收钱的人说固定也不固定，收钱对象也是如此。一般会逐家逐户进行，但这并不是主要的资金来源，他们最主要是向村中"有生意"也就是村中的精英人物收取费用，比如原村中做买卖的、开小卖部的——村中称为代销点或合作社的人家，另外一种重要的费用收取对象是当年家中有娶亲或嫁女的人家，他们也常常拿出比平常人家更多的资金，因为孔明灯可以为他们增加喜庆气氛。孔明灯资金来源的这种组织既不确定，也并不总是招人喜欢。相对于观看和参与放孔明灯而言，为孔明灯筹集资金是一份在原村人看来出力不讨好的工作，这并不是由于筹集的资金并没有固定程序和监督，从而给人以猜疑，虽然也有这方面的来自村中舆论的压力，但这并不是最重要的原因，最重要的原因是"麻烦"。"麻烦"是原村人的话语，其中包括需要号召力，需要被人信任，需要愿意承担别人议论和村中的舆论压力，等等。也就是说，是一种不必要的公共责任。称为责任，是因为这是一项需要完成的任务——收取足够的费用；称为公共责任是因为，收取费用并不是为了个人使用，制作和放送孔明灯也并不是为了个人观赏，而是大家同乐的事情；称为不必要是因为这并没有指定固定的人员来收取费用，所以每个人都可以不去做这样的事情，而等着"搭便车"，毕竟等别人收取好了费用，制作好了孔明灯，放送孔明灯的时候自己也是可以观赏的。总而言之，"麻烦"一词说明了放送孔明灯这种春节仪式的公共性和所需要的"公共责任"担当。到2008年春节，原村已经连续三年没有放孔明灯了，其中一个重要的原因就是并没有一个固定的组织和个人愿意去承受这所谓的"麻烦"即公共责任。

孔明灯的制作资金一旦就位，孔明灯一旦被制作出来，就等着放送的日期了。在正月十五夜晚，村中选好了地点——这地点通常在村中空旷处进行，全村人几乎都聚集来，每个人都争相选好自己认为的最佳观看位置，由于人数众多，通常会形成层层包围、高低错落的态势。当孔明灯被几个人抬出来，众人迎接到合适的放送位置。首先，既定的直接参与放送孔明灯的几个人围定，架起孔明灯，保持在同一个水平面，以维持其飞升时的平衡。然后，有一个人点燃下面浸满柴油的棉絮。当火光点燃，四周聚集的人们眼睛注视着孔明灯的灯布慢慢膨胀，然后慢慢升起，最后进入天空。在这个过程中，担任指挥的人是制作孔明灯的人，因为放送孔明灯是一个需要众人配合的"技术活"，这个时候孔明灯的制作者，显示了自己独特的魅力。而四周观看的大多数人则会注视天空，寻找孔明灯，由于孔明灯已经如天上的星星一般大小，融入了天空里，所以大家会议论孔明灯到底现在在什么高度、会不会有几百米之类的话题。在议论中，下一个孔明灯的放送也就开始了。在元宵节夜晚被放送的孔明灯不会仅有一个，一般在三四个，或者更多。

尽管到2008年原村已经三年没有放送孔明灯了，村中人还是一样地过日子，但根据调查，在问到"您还想看撒云灯不"，有70%的人选择了"想"，有12%的人选择"无所谓"，有18%选择的是"不想"。从数据上看，原村中多数人对放孔明灯是有期待的。在笔者调查时，原村中有许多人也提到说要组织放孔明灯。在笔者访谈时，当提起 2008 年春节会不会有撒云灯时，许多人说很可能会放，制作孔明灯的两个堂兄弟之一，那个 80 岁的张老先生也对笔者说，他家中现在还有制作云灯的材料，等着派上用场，但最终并没有人行动，所以孔明灯到底没有出现在 2008 年原村元宵的夜晚。

2. 全村拜年：式微的基于地缘结构的仪式

"拜年是中国民间的传统习俗，它由来已久。"❶《山东省志·民俗志》中说，山东"春节拜年的习俗由来已久，至今不衰"。书中还将山东人的拜年形式大体上分为"家拜""近拜""远拜"三种：其中，"家拜"指的是在一家之中，晚辈给长辈拜年以及平辈之间相互拜年；"近拜"指的是给家族中没有出"五服"的长辈拜年；"远拜"指的是给出了"五服"的长辈和亲朋好友拜年。书中还提到，在山东省临清，大年"初一拜年，男子与已婚妇女参加，男女分开，拜过自家长辈，再拜族内各长辈，此谓'合族拜年'，之后，由族长率领到各庙宇、异姓祠堂内敬拜神位，此谓'拜庄乡年'，最后，村长指挥全村人于村中十字口互拜，以解往年纠纷怨气，此则谓'拜团结年'"❷。

我们这里将要讨论的原村人在大年初一凌晨不久进行的拜年形式，是结合了上文所说的"家拜""近拜""远拜"以及"拜庄乡年""拜团结年"等形式，并略微有所不同的一种拜年形式，原村人称之为"全村拜年"。所谓"全村拜年"，乃是原村人在大年初一的凌晨，通常在 3 点和 5 点之间，在全家团圆吃过饺子后，在夜色中向村中其他人——包括同族之人和非同族之人——上门磕头拜年的仪式。磕头是民间的俗称，正式的说法是"叩头"，传统上是中国比较庄重而严肃的

❶ 萧放、许明堂：《春节》，中国社会出版社 2006 年版，第 101 页。
❷ 山东省地方志编纂委员会编：《山东省志·民俗志》，山东人民出版社 1996 年版。

礼节。一般的动作是，先作一揖，然后双膝跪地，屈上身，额头着地，直立上身，作揖起身。原村人在大年初一时进行的拜年礼节依然延续这种叩头的形式。

全村拜年并不局限在一家一户，而涉及全村中几乎所有的家庭，除了家中当年有丧事或其他不便的人家之外。每一家拜年的范围也并不局限在某一个空间范围，或某一个姓氏或宗族，其拜年的对象是原村全村中所有在辈分和年龄双重考量上应该拜年的人。所谓辈分和年龄上的双重考量，就是说，一个人是不是可以成为拜年的对象，一来要看他辈分是不是够高，二来是看他年龄是不是够大。如果一个人辈分高于或与自己相等，却是个青少年，年龄比自己小，他是不会成为拜年的对象的；而如果一个人年龄很大，但辈分却低于自己，他也不会成为拜年的对象。这里的辈分不仅适用于同姓之间，也适用于不同姓氏之间。在原村，不同姓氏之间也有辈分的严格排列，比如苑姓的"广"字辈与村中其中一个张姓宗族的"曰"字辈辈分平等，而两者都比王姓的"建"字辈高出一个辈分。当然，至于年龄到底到多少才够资格成为拜年的对象，是一个模糊的概念，可以是40岁，可以是50岁，但一般会在50岁以上。总体上看，全村拜年是一个原村全村范围内的无动员的运动，是全原村人的"惯习"。它一方面强化着血缘性质的家族关系，另一方面也维护着地缘性质的同村关系。"磕头不光磕头，也是活泛关系，平时不怎么搭腔（指彼此不理），有什么不好（指有芥蒂），年上磕头就（化）解了。"这与《山东省志·民俗志》中所说的临清的"拜团结年"在本质上是一样的，但不同之处在于，在原村，并不是由村长指挥的。

全村拜年中，每一家并不是以家庭为单位，而必定分为男女两方，男性和女性分开，而且分开的男性和女性会与别的家庭有所联合，在以前这种联合是以宗族为界限的，即同一个宗族的所有家庭的男性在一起成为一个拜年团队，而同一个宗族的所有家庭的女性也在一起组成一个拜年团队。所以，在原村大年初一"全村拜年"的过程中，总是有成群结队的人在村中游走，这其中有年长者，也有儿童少年，一个人到达什么年龄需要加入这样的团体，并没有特别的规定，大致在上学以后，或者相当的年龄，即 10 岁左右。如果到了一定年龄，一个人在大年初一的时候还不早早起床，不跟着"拜年团队"一起在全村游走拜年，则会被村中舆论认为是不懂礼节的人，原村人会用"没有见到他来磕头"一类的话来指责这个人并表达他们的不满。因为进城务工的增加，再加上一些在外求学的人，所以原村中有很多年轻人对全村拜年有所懈怠，这导致村中舆论对一些人"不磕头"的抱怨日益增加，但对这些人行为宽容的声音也在增加，认为磕头不磕头还不是一样的人也越来越多。

参与全村拜年的人并不需要什么特别的准备，只需要带上自己的敬意和膝盖就可以了。而年长辈尊者，即需要接受拜年的人则会进行一些准备，这些准备的第一项就是要早早起床，在拜年的人上门来时还没有起床被认为是失礼的，要遭受别人的议论，在村舆论中成为被指责的对象。在早早起床之后，需要在自己院内加上照明，以前是有玻璃罩的柴油灯，现在当然是电灯。接着，在自己院内铺上竹席或者其他类似的东西，作为前来拜年的人跪拜磕头的地方，以防拜年的人在跪拜时膝盖上沾上泥土，这在雨雪天气是尤其必要的准备。另外，最好还要准备一些香烟、瓜子、糖块等物品，香烟用来分发给拜年的男性，瓜子和糖块则给前来拜年的女性和小孩。

在原村，"全村拜年"曾经被认为是封建的行为，是落后的需要消灭的陋习。据村中年长者叙述，在改革开放前，村里曾禁止在大年初一磕头拜年。

刘某某（当时村组织的负责人）拿着个铁皮大喇叭在屋

95

顶上喊（不让磕头），下边的还是照磕（照样磕头），刘某某

自己放下喇叭都磕头（去了），别（不要）说别人了。

　　最终，全村拜年在与行政力量的较量中胜出，全村拜年的仪式延续下来。但现在，全村拜年却在悄然改变。一是全村拜年的团队在缩小，同一宗族的人现在不必在一起，而是一个松散的组合，群体范围由宗族缩小为家庭。二是拜年的对象范围也在缩小，不再是对全村范围内的无论任何姓氏的年长辈尊者拜年，而慢慢缩小为宗族范围，重点向本家族内的人们拜年，稍稍涉及本家族之外的人，或者根本不涉及。如果说原来全村拜年是社区里地缘和血缘结构的一种反映，那么现在地缘结构的因素在慢慢褪去，仅剩下血缘因素在支撑。三是拜年的时间也在变化，以前拜年的时间是在正月初一凌晨，而且是越早越好，因为在原村人的观念里，初一早，一年早，是个吉祥的讲究，因此，晚起拜年会被认为是懒惰和对拜年对象的不尊重。现在，拜年的时间有变晚的趋势。四是拜年的年龄结构在发生变化。原来，在原村，无论是谁，只要到达一定的年龄，都会被纳入全村拜年的队伍里，而现在拜年的人中年轻人在减少，被纳入全村拜年队伍的年龄下限也在提高。五是村中人对全村拜年的态度也在发生变化。年龄大的人对拜年依然很重视，而年轻人中对其淡漠的人越来越多。有一户人家，苑姓，夫妻两个，年龄都是40多岁，一个女儿，两个儿子，女儿已经出嫁，两个儿子也已经结婚，在正月初一凌晨，夫妻两个起来准备全村拜年，但两个已婚的儿子却都不起床，结果气得做父亲的满院子乱走、跺脚、大骂。这正可作为现在村中人对全村拜年的不同态度的一个例证。其实，原村中很多人对全村拜年的式微也有感觉，在访谈时村中有人就曾经对笔者说："村里老人都去（世）了（后），都不兴（存在）磕头了。"

3. 其他以村庄为单位的集体仪式

送火神

在中国传统中，农历正月初七日是一个比较重要的日子，被称为"人日"。山东地方常称之为"人七日"或变称为"人情日"。在这一天，山东各地都有不同的风俗习惯。据《山东省志·民俗志》，"有的地方人日还有祀神活动。……单县一带遮天送火神"，"单县早晨吃饺子，现包现吃，叫做'捏老鼠嘴'，晚上不能点灯，据说是让老鼠娶媳妇，不要危害百姓"❶。原村与单县相距不远，同属于山东省菏泽市，原村在正月初七这一天也"送火神"。

送火神是原村在正月初七夜晚进行的一种理论上全村所有家庭都会参与的一种集体仪式。正月初七，如单县风俗一样，原村人认为是老鼠结婚的日子，为了不打扰老鼠的新婚之喜，所以家家户户会早早吃过晚饭，离家外出，以避免有灯火照亮房间。因此，这一天夜晚的禁忌是：老鼠娶亲，不要开灯点火。但这种禁忌具体和"送火神"仪式有什么关系，村中人并不能够说清楚，唯一可以确定的是，这种禁忌造成了全村人在夜幕降临后的一段时间都出去观看"送火神"的仪式。"送火神"源于原村人的另一个观念，即认为在这一夜将"火神"送出，就能够避免在接下来的一年内发生火灾。因此，理论上，所有的家庭都应该"送火神"，但其实并不如此。事实上，送火神的人只是儿童和不超过20岁的青少年，一个20多岁或者30岁以上的人去"送火神"，在村中人看来是非常滑稽可笑的，虽然并不是说不"合法"。只有家中确实没有合适送火神的家庭，才会出现这种超龄的送火神"选手"。但因为关于老鼠娶亲的禁忌，所以全村所有的家庭都会观看、

---

❶　山东省地方志编纂委员会编：《山东省志·民俗志》，山东人民出版社1996年版。

参与"送火神"。当夜幕降临，全原村人纷纷关灯闭户，离家来到街道上，不时有"送火神"的人，火光明亮地，或跑或走地将"火神"送到野外，那场景是非常壮观的。所谓"火神"，其实便只是用草把一类的易燃物品作个象征，草把通常是由"各家自己扎制，材料通常是玉米秸、稻草秸之类，为了燃烧可以浇上汽油，为了娱乐也可以在里面塞上数量和威力都有限的鞭炮。当然，为了省事，也有的家庭直接用旧的扫帚代替，向上面浇上汽油助燃了事。"火神"通常被送到村庄之外的田野中，并且越远越好，但三四岁的儿童，在父母的陪伴下，也只能送到刚刚出村庄便罢了。"送火神"作为一种集体仪式，并不像放送孔明灯和全村拜年一样，并没有濒临消失或者式微，它依然受原村人的"宠爱"。

"拉火鞭"

除了放送孔明灯以外，原村在元宵节夜晚有集体点放烟火的传统。届时，每户人家都会将自己提前购买的准备在此时点放的烟火拿出来，统一到村中的街道上燃放。以前，原村人点燃的烟火并不是鞭炮，而主要是一种被称为"花"的东西，点燃后会喷出一个树形的火花，持续几分钟到十几分钟不等。再就是一些各式各样的烟火制品，都与"花"一样，以点燃后能造成赏心悦目的效果为特征。另外，还有一种重要的烟火类型，它是由村里人统一收取费用购买的，村中人称之为"火鞭"，其形状如名，呈鞭形，由许多如鞭炮形状的小烟火组成，当其点燃后并不是在原地炸响，而是会向四周呈不规则轨迹的乱窜，也不炸响，只是会喷出火花。传统上，火鞭燃放——村中人称之为"拉火鞭"，是原村在元宵夜除放送孔明灯之外最重要的集体仪式。拉火鞭的人会寻找聚集在街道上的人群，突然点燃，惊散的人群边跑边笑，而拉火鞭的也会一边追着逃走的人群，一边尽量让乱窜的火鞭，追烧到逃走的人们。在这过程中，能够烧到人是最重要的，如果能够将人的衣服烧烂，则是莫大的成就。无论烧人的人，还是被烧的人，都不会疼惜烧坏的衣服——有时候还可能是新衣服。在元宵节过了以后，某某人被烧了衣服的事情还会被谈论，被当作无边的乐事。这里，人们追求的是一种享受和破坏的快感，可以说，有一种狂欢的成分在里面。在 2008 年，原村元宵节也有"拉火鞭"，但只是村中东北方向的人们统一购买和进行的，其他方向位置的人们并没有参与，很多观看"拉火鞭"的原村人也觉得"拉火鞭"没有以前有意思了。至于传统上燃放的"花"，更退居到二线位置，让位于城市人燃放的礼花。2008年是原村礼花占据整个元宵夜的第一个春节。当不断升起的礼花照亮空中，与四周村落的礼花遥相呼应，而村中还多少在燃放的"花"和"火鞭"，相较之下，确实有些失色。"还是礼花好看"，这是笔者在2008 年元宵夜听到的原村人说得最多的一句话。

第二节　以家庭或家族为单位的仪式

1. "上林"或"墓祭"：家族的春节祭祖仪式

如同本书在春节与年的概念界定里所述，从一开始，年与春节就是和对祖先的怀念和敬畏联系在一起的。比如，《尚书·舜典》就记载有这样一句话，"月正元日，舜格于文祖"。孔安国解释这句话为：舜在正月初一到祖庙里祭祀祖先。这一传统一直延续下来，在山东亦如此。《山东省志·民俗志》中将山东的祭祖形式分为家祭、庙祭、墓祭、年祭四种。

其中，家祭即在家中祭祀祖先，家祭时，"远祖设族谱"，"近祖设牌位（或称'神主牌'）"，"族谱悬壁上，'神主碑'则以辈分环列于供桌上，长辈居中，后辈在侧"。"家祭的时间、次数、方法，各地不同……大多数地方通常只在春节、七月十五、八月十五、冬至和祖先忌日举行家祭。"❶ 也就是说，春节期间是传统上举行家祭的规定时间之一。

庙祭即在家族的祠堂中进行的祖先祭祀，因为祠堂在山东民间常被称为"家庙"，所以称为"庙祭"。庙祭常在春分、秋分和春节期间进行。也就是说，春节期间也是传统上举行庙祭的规定时间之一。

墓祭即在祖先的茔葬之地所进行的祭祖仪式。"墓祭的习俗各地不同，较普遍的是，农历正月初一，合族至祠堂祭祖之后，族中男子集体往老茔拜祭，在坟头上压一张黄表纸，于坟前设供焚香、烧纸、奠酒，全体叩头拜祭。农历正月十五和十六日傍晚，至近支祖坟'上灯'或'送灯'，以面或萝卜、胡萝卜做成各式灯盏，一一送至各先祖墓前点燃，必等灯燃尽之后始拜祭。"❷ 因此，春节期间也是传统上举行"墓祭"的规定时间，具体包括正月初一和正月十五两个时间。

年祭专门指在春节期间进行的祭祖仪式，"年祭属家祭的一种，但特别隆重"❸。

总而言之，在春节期间祭祀祖先乃是一种传统仪式，有"家祭""庙祭""墓祭"等形式，而且此时所进行的祭祖仪式较平时更为隆重。

在原村，由于没有祠堂，所以并没有在祠堂集体祭拜祖先的"庙祭"仪式，只有"家祭"和"墓祭"，而且，下文中也将提到，由于一些原因，其"家祭"仪式已非常简单，只是于供桌上摆满瓜果鱼肉等供品，呼唤祖先的名字，焚香叩头而已，并没有"悬族谱""列神主"之类的仪式。而"墓祭"在原村则被称为"上林"，大概是因为通常人家的坟墓之地都种有林木的缘故，但也可能是"上陵"二字的

---

❶　山东省地方志编纂委员会编：《山东省志·民俗志》，山东人民出版社1996年版。
❷　山东省地方志编纂委员会编：《山东省志·民俗志》，山东人民出版社1996年版。
❸　山东省地方志编纂委员会编：《山东省志·民俗志》，山东人民出版社1996年版。

音变，即到先人的陵墓之地祭拜的意思。

原村人"上林"的时间即"墓祭"祖先的时间定在大年三十的下午，而不是后一天的正月初一，而且原村人在正月十五也不举行"墓祭"。在原村人的习俗里，大年三十这一天的上午通常早早地吃完午饭，并完成贴对联、包饺子等一切工作。在这些工作完成后，拥有同一个祖先墓地的人，即一个家族的成员会聚集起来，每个家庭至少派出一个男性做代表，共同"上林"祭祖。"上林"需要携带纸钱、纸元宝和鞭炮。其中纸钱和纸元宝由各个家庭各自准备，鞭炮由全家族的人共同出款购买。当一切准备就绪，所有人员都已经到齐，一个"上林"的队伍就出发了。在路上，一个"上林"的队伍会时不时碰上与自己同样性质、同样目的的队伍。群体的人数有多有少，多者几十人，少者两三人。人数多的队伍被人羡慕和尊敬，因为这说明这个家族人丁兴旺，福运绵长。人数少的队伍则显得寂寥，被人轻视，因为它明白地告诉了别人自己家族人丁衰微。

到达家族墓地后，整个"墓祭"仪式就正式开始了。首先是烧纸。在每个祖先的坟头上点燃带来的纸钱、纸元宝，并告诉祖先夏历年到了，子孙们前来看望，并请祖先们降临家中一起过年。每个家庭都要在所有祖先的坟头上烧纸，同时也会多在与自己血缘较近的祖先坟头上多烧些纸钱和纸元宝。比如，对于一个家庭的代表而言，在墓地上可能有自己直系祖先的坟墓，如亲祖父，也可能有自己旁系祖先的坟墓，如伯祖父、叔祖父，那么这个男性代表会在所有的坟墓上烧祭纸钱、纸元宝，但会特别在自己的直系祖先，如亲祖父坟墓上多烧祭些纸钱、纸元宝。因此，每个家庭都要准备适当的和充足的纸钱、纸元宝。在烧祭过程中，年长者会为年幼者指认所有祖先的坟墓，告诉他们哪个坟墓埋葬的是哪位祖先，以及与现在的人的血缘关系是如何的。在原村，坟墓的埋葬有一个规定的序列。始祖（迁坟的则为迁坟后的始祖）在北面第一位，向南是第二代祖先，其中因为东面在原村的观念里是上首的位置，所以葬的是长子，中间位置则是幼子的坟墓，在原村的说法则是"怀中抱娇子"。排行中间的儿子则是从西到东排列茔葬。在墓祭时，从年长者对年幼者的叙说中，年幼者不仅能了解每个祖先的坟墓的位置，同时也能推出自己将来的位置排列所在。在烧祭的同时，"上林"的人还会点燃带来的鞭炮，鞭炮放的位置要高，越高越好。鞭炮的长度要长，越长越好。位置越高，声音传播越远，长度越长，声音持续越久。因此，在大年三十的下午，在村庄的野外行走，不仅会看到路上"上林"的人群来往，也会听到四周的鞭炮声此起彼伏，每个家族不仅在向另一个世界的祖先表达着自己的敬畏，也在向同一个世界的人表达着自己的存在。在烧纸和放鞭炮之后，就是"上林"的第三个步骤，也是最重要的一个步骤——叩拜祖先。这时，前来"上林"的家族成员会分散站立在每一个坟墓前，人数较多的则随便找一个地方，人数不够分的则会从最早的先祖那里开始分配。当所有的人站定，作为家族的长支，即长子长孙，会统一带领所有家族成员对着祖先的坟墓叩拜。在叩拜时，长子长孙会说一些祝福和祈求的话语，比如"各位先祖都看着了，咱们家族人丁兴旺，希望各位先祖能保佑家族以后更加人丁兴旺，福运高照"之类。统一叩拜后，礼毕。整个"上林"仪式基本上便结束了。

图4-2 原村人春节"上林"时跪拜祖先

在原村，"上林"是夏历年期间的一个非常重要的仪式，很多人在谈过新年的时候，在说明什么是过年时，都将"上林"列入其中。由于生计方式的改变和流动的关系，在原村，有一些人家已经全家都不在村中居住，这些搬移到他处的人们一年之中很少回到村子里。但在大年三十的下午，他们必定回来会同其他家族成员"上林"墓祭祖先。

> 张某某，在原村长大。有兄弟两人。在十几年前个人独自出外闯荡，虽然学历不高，但却闯出了名堂。现在山东济南市居住。在几年前，其弟弟也被他带出去，进城务工，现在巨野县县城居住。由于父亲已经去世，母亲也被接到了城里生活，只有他们的叔叔、堂兄弟等亲属在原村中生活。在平常，原村中是见不到张某兄弟两个的影子的。他们兄弟两个的房子，哥哥的楼房建于上个世纪90年代，是当时村中最早的几个楼房之一，现在卖给了同族的人。弟弟的房子虽然还在，但也是长年空着。但在大年三十的下午，在村中必可看到他们兄弟两人。在这天，张某某会从济南开车会同在县城的弟弟，然后回到原村，会同同族的人去"上林"墓祭，年年如此。而且，张某兄弟两人还会专门拿来春联，在"上林"前，为弟弟的房子贴上春联。在"上林"之后，兄弟两个便会离开村子，并不作太多地停留。

在形式上，"上林"类似于清明时节的上坟扫墓，因为两者都属于祭祀祖先的"墓祭"形式。但春节期间举行的"上林"墓祭祖先比清明时节的上坟扫墓在规定和程序上更为严格，也更为隆重。在清明时节上坟扫墓，妇女可以前去，但"上林"是不允许妇女前去的，只能是家族的男性成员。清明时候的上坟扫墓，以家庭为单位，通常一个家庭的成员一起前去，而夏历年期间的"上林"则是以拥有共同祖坟的整个家族为单位，一同前往。清明时节上坟扫墓是允许缺席的，但"上林"由于以家族为单位，每一个家庭至少要有一个代表出席，在这个意义上是不允许缺席的。在形式上，清明时节上坟扫墓并不会放鞭炮，而"上林"燃放鞭炮则不可或缺。从一定意义上说，清明扫墓只是家庭的纪念，而"上林"不仅是整个家族对祖先的纪念和敬畏，更是在世的族人实力的一种展示，是对家族结构的一种重新的确认，也是对每个家族成员个人在家族结构中地位的一种感性教育，更是一种家族感情的凝聚。

"上林"是原村在近年来没有太多变化的一种春节仪式，如果非要说变化，那就是"上林"的代步工具在变化，由徒步、自行车等形式变成了电动车、摩托车、汽车等形式，而这与"上林"本身的性质并无太大的关系。

2. 其他仪式

"请祖"

"请祖"是原村存在的一种在春节期间于家中祭祀祖先的仪式。据曾经有这种仪式的村中一个张姓家族里的人说，原来他们家族中有一张画卷，画卷中是庭院阁楼，象征着家族中去世的先人所在。这幅画卷放置在族中长子长孙家里。每年春节，在大年三十这一天，所有家族中的家庭都会派出代表，一起将此画请出，摆上供品，跪拜祭祀，并请去世的先人降临，一起过年。在元宵节这天，所有的家庭代表再次聚集，跪拜祭祀，并告知去世的先人，年已经过完。然后将画卷收起，等待下一个春节的到来，再次请出。正因为是"请出"，所以称为"请祖"。由此看来，原村人所说的"请祖"仪式，即上文中提到的《山东省志·民俗志》中所说的"家祭"，即在家中祭祀祖先的仪式，更确切地说是春节期间的家祭仪式。

被访谈者还告诉笔者，这幅画卷在以前的反封建迷信的运动中被销毁了，其他家族的情况也是如此，自那以后，原村中就没有了"请祖"仪式。

祭灶

祭灶，即祭祀灶神。这是中国汉族过春节时较为普遍的一种仪式，在先秦时期祭灶被列为国家祭典里"天子五祀"之一，是非常重要的祭祀活动。❶ 东汉时期班固对五祀及其祭祀原因、时间的解释是"五祀者何谓也？谓门、户、井、灶、中溜也。所以祭何？人之所处，出入所饮食，故为神而祭之"，"夏祭灶者，火之主，人所以自养也，长养万物"❷。明末清初江苏人陈瑚说，"夏祀灶、冬祀井日用所需也；……合祀者何？岁首岁除，大祀大报，人之情也。"❸ 费孝通在《江村经济》中也曾提到过开弦弓村的祭灶活动，"灶神每月受两次供奉，通常是在初一和十五"，"到了年底，农历12月24日祭送灶神上天"❹，费孝通提到的开弦弓村的其他祭灶时间还有大年初一迎灶神、五月五日端午节、六月初三十五和二十三日、八月初三灶神爷生日、八月二十四日灶神娘生日、九月初九重阳节等等❺。可以看出，祭灶本是中国传统上普遍存在的一种祭祀仪式，但祭祀时间并不完全固定，早期主要在夏天祭祀，后来也在新年时候祭祀，成为了新年期间的一项仪式。

在原村，祭灶开始于腊月二十三，即夏历十二月二十三，在这天，原村所有家庭都会打扫灶火，清洁厨房。但也仅此而已，并不做其他

---

❶　萧放、许明堂：《春节》，中国社会出版社2006年版，第23页。
❷　班固：《白虎通德论》卷第二《五祀》，四部丛刊景元大德覆宋监本。
❸　陈瑚：《确庵文稿》卷二十三《说杂著·五祀说》，清康熙毛氏汲古阁本。
❹　费孝通：《江村经济——中国农民的生活》，商务印书馆2001年版，第96页。
❺　费孝通：《江村经济——中国农民的生活》，商务印书馆2001年版，第138—139页。

事项，大概只是为迎接灶神做准备。灶神真正迎进家门是在大年三十，在这一天前，所有原村家庭——除了信仰基督的人家之外，都会在自己的灶房张贴灶神像，灶神像包括灶神和他的夫人，俗称为"灶王爷"和"灶王奶奶"。除了这两个人物的画像之外，其上两边还各有一行字："上天言好事，下界保吉祥"。灶神像通常在集市上购买，买时不说买，谓之曰"请"。同时"请"来的还有玉帝神像，其上绘有玉帝和王母的图像，上写有文字："天地三界十方万灵"。玉帝和王母的神像与灶神的神像同时张贴，或同时贴在厨房，或将玉帝王母的神像单独贴在家中祭台的上方位置。在原村，家庭里流行祭台，原村人称之为"香台"，因为在其上焚香而名之。这里是家庭焚香跪拜神灵的地方，因此，被认为是至高之神的玉帝和王母神像常被张贴于此，接受拜祝。在张贴了玉帝神像和灶神像之后，在春节期间，自大年三十到正月十五元宵节，原村人家中每次饭食，包括不属于正常饭食的水果、点心等，都要先拿出部分，向二者敬献。在元宵节后，原村人会将两张神像祭拜请下，用火焚烧，象征灶神夫妇和玉帝王母从家中离开，升天。春节过去，灶神的使命也就结束了。平时，原村是不祭祀灶神的。❶

春联、门神的张贴、祭祀

春联、门神是原村每个有门有户的家庭都要张贴的，春联是张贴在门框之上，而门神——村中人称之为年画，则张贴在门面之上。当然，在衣服橱柜、粮食储器、代步车具上也会贴上"春""福""一路平安"等春联形制的字画。在原村，春联、年画的张贴时间统一在腊

---

❶ 原村祭灶仪式与传统文本中的祭灶仪式并不相同，传统文本中的祭灶是在腊月二十三或二十四，祭灶之后，灶神上天，然后在春节之后接灶，迎接灶神重新来到人间，在祭灶和接灶之间的日子，家庭中"并无灶神的存在"，在一年中除春节的其他日子则"有灶神的存在"，原村的祭灶与此恰恰相反。具体参见萧放、许明堂：《春节》，中国社会出版社2006年版，第21—38页。

106

月三十上午，不会早也不会晚。传统上，张贴的多是吉祥、喜庆的对联和年画，现在信仰基督的家庭，还会张贴基督相关的对联、年画，文字大致如"上帝施恩恩遍大地，耶稣赐福福满人间"之类。据原村中的基督信徒称，这多数是基督教堂免费赠送的，少数也有自己购买的。另外，还有一些宣传性质的年画，笔者就曾看到有两家门前张贴有农村信用社宣传性的年画。春联、年画张贴后，需要在大年三十吃饺子时祭祀，告知"门神爷"，现在是过年时间，希望能够一起共享，并保佑阖家平安。在元宵节夜晚也要祭祀一番，表示年已过去。值得注意的是，张贴了门神，原村人并不觉得"保险"，所以还会在大年三十这天在所有的门前横放上长度稍大于门距的木棍，谓之"挡鬼神"。这"挡鬼神"的木棍也将在元宵节之后撤去。

图4-3　原村某人家的基督对联

第三节　跨村庄的春节仪式

在杜赞奇的"文化网络"理论中，传统中国乡村社会中可以跨越村庄的组织和社会关系有很多种，其中亲属关系是其中的重要组成部分，是村际间的直接关系，不仅对乡村中的人们发挥着直接的联系和保障的作用，而且也发挥着将其他乡村中的社会组织联结起来的作用。"姻亲关系在文化网络中起着什么作用？在华北乡村的日常生活中，它起着多种保障和联系作用……一般来说，这种亲戚关系往往将普通人家与更有权威和正式的宗族以及行政组织联系起来，使他们更易接近乡村社会中的各种资源。如此，通过人际关系这种姻亲联络将不同类型的组织连结起来从而为文化网络中提供了又一种粘合方式。"❶

那么，作为如此重要的社会关系，亲属关系在春节期间必然有所展现。我们下面将要讨论的"春节走亲戚拜年"和"过十五"等仪式，就是原村春节期间对于这种超越村庄的社会关系网络的一种仪式展现。

1. "差序格局"下的亲戚拜年

亲戚拜年即俗称的"走亲戚拜年"，是到与自己有亲属关系的人家去探望、拜年，并接受一定的回礼和饭食的一种仪式。亲属关系是"根据生育和婚姻事实所发生的社会关系"❷，在原村人的眼中，"亲戚"并不包括与自己同姓的亲属，而是除了这些同姓的亲属或者说是同族人之外的"根据生育和婚姻事实所发生的社会关系"。"走亲戚"并不一定在春节期间进行，如果包括所有时间进行的"走亲戚"，那么"走亲戚"可以分为两种，一种是在特定日子里的走亲戚，一种是在特定日子之外的走亲戚。前一种是固定的，是礼节性的，是不得不去的，具有某种程度的强制性，比如在中秋节、端午节等特定日子里的走亲戚；后一种则没有固定的日子，比较随性，有串门的性质。春节走亲戚拜年无疑属于前一种，而且是前一种中最重要的一种形式，因为春节走亲戚拜年，既是走亲戚，也是拜年，包括有叩头等仪式内容。

---

❶ 杜赞奇：《文化、权力与国家——1900—1942 年的华北农村》，王福明译，江苏人民出版 2006 年版，第 17 页。

❷ 费孝通：《乡土中国》，北京出版社 2005 年版，第 43 页。

中国乡村社会是一个乡土社会，是地缘和基于地缘之上的血缘结构的社会。地缘上的接近给走亲戚拜年提供了可能，婚姻和生育所形成的亲属关系大多在"十里八乡"之内，在一日两日的行程之内，无亲属关系的好友也具有同样的地缘亲近性，从而为在一段时间内集中走亲戚拜年提供了可能。注重血缘的传统思想观念则让走亲戚拜年成为一种必需和必然，让它成为一种情感上的联络形式，成为对亲属关系的重复确认，成为一种对彼此相互扶助的权利和义务关系的承认。因此，作为走亲戚的一种，春节期间的走亲戚拜年是乡土社会里地缘和血缘结构的公开"陈说"，也是对它们的一种仪式强化。

在原村，春节走亲戚拜年通常以家庭为单位。作为社会的一个基本构成单位，家庭在春节之前便会考虑自己走亲戚的事宜，为之准备合适的礼物，联络并确定走亲戚的日子，同时本身作为走亲戚拜年的对象，也会考虑被走亲戚拜年的日子和人数，并为之准备好必要的菜肴、烟酒、压岁钱，等等。

从本质上来说，走亲戚拜年存在着一种"差序格局"，因为在中国乡村社会中，亲属关系本身就是一种差序格局的表现，作为亲属关系的一种展演，走亲戚拜年自然也呈现出一种差序格局的性质和形式。就以由夫妻和未婚子女组成的核心家庭而论，春节走亲戚拜年便是一个因着亲属关系的差序格局，从而是一个以自我为中心的逐渐扩大的圈子。费孝通认为，中国传统社会的社会结构是一种"差序格局"，是由无数个不同网状的社会关系体系所构成的，每个人或每个家庭都可以是一个网状的社会关系体系的中心，以这个中心出发，推出去，构成一个势力大小不一的、可以伸缩的社会关系网，在这个社会关系网中，根据亲疏远近，人们对彼此要求着不同的权利和责任。❶

---

❶　费孝通：《乡土中国》，北京出版社 2005 年版。

原村人春节拜年所具有的差序格局性质主要表现在两个方面。一方面，原村人春节走亲戚拜年的范围是有伸缩性的，因为每个原村人家庭的财力和地位的不同而包括的范围不同。由于走亲戚需要一笔开支，财力不够的家庭就会收缩自己走亲戚的范围，而财力充足的家庭则可能将这个圈子扩大得更为广泛，超出亲属关系的范围。另一方面，原村人春节走亲戚拜年呈现出因亲疏关系不同而安排不同的次序。与自我家庭关系越亲近的，在走亲戚中的地位越重要，随着关系距离逐渐疏远，其重要性也呈下降趋势。具体来说，一个是在走亲戚拜年的时间安排上，一个是走亲戚拜年的礼物选择上。越靠近自我家庭的亲戚关系，通常越被安排在最早的时间，比如到岳父岳母家走亲戚拜年通常是安排在正月初二，因为大年初一要在家中过团圆年，所以去岳父岳母家走亲戚拜年即是第一个时间的选择，即使因为现实条件所限，没有选择在初二，也会优于和先于其他走亲戚拜年的时间。而关系越向外，被安排的时间越靠后。同样地，在一定的财力条件下，社会关系越靠近自我家庭，走亲戚拜年时携带的礼物越贵重，越向外，礼物越轻。走亲戚拜年的差序结构，在原村，如果以作为丈夫的男子为视角，由核心向外，依次是岳父岳母家、舅家、姑家、姐妹家、妻子的姐妹家、父母的舅家、父母的姑家、好友家，等等。

　　这种差序格局形成的原则，依靠的因素并不只是生物学上的血缘的远近，因为姑妈和姨妈在血缘上是一样的，但在原村人走亲戚拜年的次序上却有差异，姑妈要比姨妈更靠近核心。所以，此处的血缘，是社会意义上的血缘，而不只是生物意义上的血缘。

　　在这样的结构特征下，可以描摹出原村人传统上的走亲戚的图景。一个家庭成员在初一到正月十五这之间的某一天从自己家出发，他骑自行车或步行或驾驶电动车、汽车，携带着一个包裹，里面是几斤糖果，加上一些水果、菜包子，或许还有酒。到了亲戚家，跪拜拜年，寒暄，吃饭，然后醉醺醺回家。这一过程从早饭后持续到天晚时分，即大约一整个白天的时间。现在，原村人走亲戚拜年则有所变化。由于人口流动和进城务工，家庭成员一年内在家的时间大为缩短，在家过春节的时间也相应缩短，短者不会超过初七，长者也就在正月十五之后不几天。因此，走亲戚拜年从传统的一天走一家，变为一天走几家。村中有一个张姓男子，28岁，已经结婚，有一个儿子，本人常年在天津一家工厂做工。他最近几年春节走亲戚都是一天走完若干家。用他的话说就是，"一天走三四家，每天都走（一家）的话，走不完，初七就走（出去打工）了。"另外，由于生活水平的提高，走亲戚的礼物普遍有所提高，菜包子一类的家庭自制礼品已经消失了，而讲求包装的商卖礼品已经成为主角。相应地，代步工具里自行车也开始变少，电动车、摩托车、汽车、三轮车，成为主要的代步工具。值得注意的是，代步工具的改进，再加上村与村之间公路的铺设而使道路状况得到改善，也让一天之内到几个亲戚家拜年成为可能。从一天内在一个亲戚家拜年，到一天内到很多亲戚家匆匆拜年，并不留下来吃饭，时间上的缩短，也意味着情感上的淡薄，其中的情感投入在减少，而过场性的因素在增加。

2. "过十五"：一种跨村落社会交往的消失

如果说春节走亲戚拜年主要是在具有亲属关系的人们之间进行，主要基于血缘关系和婚姻关系，那么，原村的"过十五"仪式就是在血缘关系、婚姻关系之外结合了地缘关系的一种跨村落人际关系网络的展演和再确认。

"过十五"在形式上可以看作是一种省亲。它是新婚夫妻在结婚后的第一年春节去妻子父母村庄居住或者说生活若干天，同时接受妻子本族、邻居等本村人宴请的一种仪式。因为这段时间通常从正月初十开始，直到正月十五元宵节后才结束，所以原村人俗称为"过十五"。

《山东省志·民俗志》记述说，"滕州一带，正月十六日这一天，习惯把出嫁未久的姑娘接回来，俗称'叫闺女'。叫闺女必须是娘家的人亲自到婆家去接，一般是兄弟、姐妹或侄子。……这时闺女住娘家可住十天半个月，但必须在二月二以前返回婆家。"❶

可以看出，原村的"过十五"在形式上与滕州的"叫闺女"有一定的相似之处，一是两者都发生在春节期间，二是两者都是新婚不久的女子回娘家省亲，三是省亲的时间都比较长，是一段时间，而不是一天两天，四是两者都有一个明确的截止时间，"过十五"是元宵节后，"叫闺女"是二月二之前。但实际上，仅根据《山东省志·民俗志》上记载的"叫闺女"来说，两者还是有不少的差异。一是对象上的差异，"过十五"是女子与其新婚丈夫一起在女子娘家生活，而且就重要性而言，女子的新婚丈夫是更为重要的，因为在"过十五"期间，女子娘家本族人宴请的是这"新女婿"。二是内容上的差异，"过十五"最主要的内容并不是在女子自己娘家生活，而是在此期间的宴请社交活动，即"新女婿"要接受女子娘家本族人和关系好的邻居的宴请，以及嫁入到女子娘家村庄中的"新女婿"所在村的人的宴请。三是时间不同，"过十五"是从正月初十开始，在正月十六天不亮的时候必须结束，而"叫闺女"则开始于正月十六。

所以说，"过十五"最重要的是以宴请的形式所进行的在"新女婿"与"新娘子"娘家村庄的人们之间的社交活动。"新娘子"娘家村庄参与其中的人们主要是"新娘子"同宗族的人家、关系亲密的邻居以及嫁入本村的来自"新女婿"村庄的女性人家。在这样的社交活动中，"新女婿"认识和熟悉了所有"新娘子"同族的人、关系好的

---

❶ 山东省地方志编纂委员会编：《山东省志·民俗志》，山东人民出版社 1996 年版。

邻居以及原来跨越了村庄的"婚姻关系"人——"新女婿"村庄嫁入"新娘子"娘家村庄的人，而后者也认识和熟悉了"新女婿"，扩大和再次确认了一种跨越了村庄的人际关系网络。所以，从本质上看，它一方面是对家族结构下亲属关系一种体认，另一方面是对地缘结构下邻里关系的体认，同时也是一种跨越村庄范围的社会交往，能够沟通不同村庄的人们，将其编织进一个基于血缘、地缘和婚姻关系之上的人际关系网中，这也就是杜赞奇所说的文化网络的一个组成部分。

　　"过十五"一般开始于正月初十左右，但可能早于这一天，娘家人已经把新婚的女儿女婿接到了村庄中来。从正月初十这一天开始，按照预先确定下来的顺序，妻子本族的人、邻居等会一家接着一家地宴请新婚人，一直到正月十五元宵节。宴请的主角是上门的"新女婿"，并不包括新婚的妻子，新婚的妻子依然在父母家一日三餐，所以"过十五"形式上是新婚夫妻都要参与，但两者的角色并不相同。宴请分早中晚三次，也就是日常三次的吃饭时间，如果要宴请的人很多，那么就会在一天内安排四场、五场这样的宴请。名称是宴请，安排也不是家常便饭，而是正式的酒席，席上邀请两三个比新婚丈夫辈分低的同村人作为陪宾，再加上自己家的成员，一起组成"待客团"。当酒席开始，陪宾最主要的是让席上的主角——新婚丈夫感觉到主人家的盛情，而这在原村人的观念里并不是让主角"新女婿"吃好，享受美食，而是让主角喝好，享受美酒。所以，宴请的时候，无论哪一家，都会让新婚丈夫尽可能地多喝，如果能够喝醉，就是再好不过了。由于陪宾往往比新婚丈夫的辈分低，所以在礼节上这更有利于让新婚丈夫多喝。而对于"新女婿"来说，由于一天之内至少"赶三个这样的场子"，甚至是更多，属于"连续作战"，所以都要尽可能地少喝，当然一点不喝是不可能的。这样，宴请就成了主人家和"新女婿"的一场关于喝酒多少的博弈，博弈的失败者往往是被宴请者。被宴请者最好能在连续几天的"作战"中都保持清醒头脑，不在任何一家喝醉。而如果一旦头脑不清醒，不能明白自己的角色，或者因为抹不开面子而没有控制自己的喝酒量，他就有可能发生在某一家喝醉、吐酒、胡言乱语等在村中人眼中看来是丑行的行为。这将在村舆论中成为大家的笑谈，并一直流传几年的时间，甚至更长。这多少透露出"过十五"不仅仅是社交性的，还是"娱乐性"的。正因为如此，所以"过十五"时候的宴请，"新女婿"往往表现得谨慎小心，饭不怎么吃，酒不怎么喝，一切点到为止。这使得每顿宴请持续的时间都不长。传统上，"过十五"是原村最为重要的仪式之一，在笔者调查时，原村结过婚的人在回答是否"过过十五"时，有88%的人都回答说曾经有"过十五"。现在，由于进城务工的原因，年轻的新婚夫妇已经不能够如原来一样有几天的时间去妻子父母的村子"过十五"，同时进城务工也造成妻子父母村庄男性的提早外出，这也为妻子本村人家宴请造成了不便，所以"过十五"的人越来越少。在2008年，村中有个张某培的女子是村中为数不多的"过十五"的人之一。但到正月十三的时候，因为新婚的丈夫承受不住连续几天的喝酒作战，从而拒绝了本已经安排好的剩下几天的宴请。这也透露出，作为一种跨村庄的人际关系网络的构建和展演，因为"过十五"具有某种程度娱乐性，即强制性劝酒风气和潜在的对新婚丈夫的一种捉弄，使得新婚夫妻对其有种能避免就避免的心态，从而从另一个方面造成了它的衰微。

3. 过寿仪式的"货币化"

"山东地方风俗，家人诞日皆有庆贺举动，不同年龄的人庆贺活动不同，名称亦不同。青少年的生日名为'过生日'"，"进入老年，诞日名为寿辰，庆祝活动称为庆寿、做寿"❶。

　　在原村，人们的诞日庆贺也大致如此而有所差异。首先，一般的青少年和老年人过生日，名称就有不同，只有年龄到了积累到一定程度，生日才可以称为"过寿"，至于具体的年龄数，大致是从六十岁开始的。其次，青少年过生日和老年人过生日在内容、程序上存在很大差异，后者的规定性和隆重性远远高于前者，所以在原村，人们过生日是一个"进化"过程，是具有等级的，可以勉强称为"等级生日制"。最后，老年人"过寿"并不在其真实的生日那一天庆贺，而是统一在当年的春节期间举行，所以"过大寿"就成了原村春节期间很重要的一种仪式，包括放鞭炮、子孙跪拜等内容。

　　在原村，在春节期间为老年人举行的庆寿或"过大寿"仪式，有两个特征，一是即使年龄到了可以过生日的时候，也不是每一年都过，而只是在特定的年龄时间庆祝，除了上面提到的 60 岁以外，随之而来的还有 66 岁、73 岁、80 岁、84 岁、90 岁等，而尤其注重 66 岁和 73 岁时候的过寿，"鲁西南一带重视六十六岁寿辰，到时女儿要送一块肉为贺礼，俗谚：'六十六，吃块肉'"❷。二是如上文提到的，过寿的时日并不以准确的出生月日为标准，而多选择在春节期间庆寿，如果庆祝 60 岁或 66 岁生日，就选择在正月初六，如果庆祝 73 岁生日就选择正月初七，如果庆祝 80 岁或 84 岁生日就选择在正月初八，90 岁生日就选择在正月初九。由于第二个特征，所以老人的过寿仪式就与春节发生了联系，成为了春节期间仪式的组成部分。在过寿时，过寿人的亲朋好友都有义务到场，并携带礼物，并不仅仅包括与其有血缘关系的人。由于差序结构的存在，到场的亲朋好友也如走亲戚一样，范围

---

❶　山东省地方志编纂委员会编：《山东省志·民俗志》，山东人民出版社 1996 年版。
❷　山东省地方志编纂委员会编：《山东省志·民俗志》，山东人民出版社 1996 年版。

有所伸缩变化，根据过寿人自己和家庭的实力、势力的大小而有所不同，少者可能不到十人，多者可能几百人，笔者在2008年春节看到过原村一老人家过66岁大寿，前来庆贺的人足有200多人。不过，可以肯定的是，过寿人的直系亲属，包括子女、子女的家庭成员、兄弟姐妹、兄弟姐妹的子女，是必定要前来的。前来时携带的礼物，传统上包括鞭炮、寿桃和固定斤两的猪肉等，所谓固定斤两，也是根据过寿人的年龄计算，如果过66岁生日，就送上6斤6两，如果过73岁生日，送上的猪肉就是7斤3两，以此类推。前来庆祝的人并不会一同到来，而每个到来的人的鞭炮都会被点燃，所以这天庆寿人家的鞭炮会一直持续。在所有前来祝贺的人都到达后，开饭之前，所有的人聚集在一起，过寿的人面南背北，拜寿的人背南面北，过寿的人端坐，拜寿的人一起跪拜，向过寿的人表示敬意和祝贺。礼毕，开饭。饭后便接二连三地离去。这是普通人家的过寿。家庭富贵者，可能请来主持人，请来乡村娱乐表演者，歌舞助兴，还可能在电视台赞助一个节目庆贺，那就是一种过寿仪式的变异了。

以前，由于原村人生活比较贫困，所以即使到了可以过寿的年龄，一般家庭的老人也并不过寿。现在，随着家庭收入的增加，过寿的人家越来越多，在春节期间，从初五开始，路上随时可以看到去拜寿的人，而四周村庄里庆寿的鞭炮也常常响起。同时，庆寿所送的礼物也开始有所变化，除了鞭炮越来越长之外，所送礼物开始"货币化"，寿桃、猪肉等开始被红包所代替，其中包送的钱数不等，依据亲疏关系而定。传统上，直接奉送金钱是让赠者和接受者都感到难为情的做法，因为这种做法让亲情功利化了，凸显了关系中的功利性，而"蔑视了"其中的"自然"的情感。但现在人们已经逐渐普遍接受了这种做法，用村里人的话说，"（红包）钱比猪肉实惠，想买啥买啥。"

第五章　春节仪式变迁的原因

第一节　原村春节意义与外在形式的变化

1. 年味：春节意义的转变

作为传统上中国汉族人最重要的节日之一，春节或新年现在却被许多人认为"年味"越来越淡了。日常生活中不少人还常常说，过年越来越"没有意思"了。那么，到底什么是"年味"呢？人们过年所要的"有意思"究竟指的是什么呢？无疑地，"年味""有意思"都是人们对于春节的一种主观体验，是对春节"意义"的一种主观感受。美国阐释主义人类学家格尔茨认为，人本质上是一种"意义"动物，

"人是悬在由他自己所编织的意义之网中的动物"❶，而文化就是一种意义之网，"文化概念既不是多重所指的，也不是含混不清的：它表示的是从历史上留下来的存在于符号中的意义模式"❷。"我主张的文化概念实质上是一个符号学（semiotic）的概念。……我以为，所谓文化就是这样一些由人自己编织的意义之网。"❸ 而且，在格尔茨看来，意义并不是个体私有的，它并不是存在于个人头脑中的主观的意义，也不是由个人的心理结构所生成的，而是一种社会共同认定的文本与意义，是一种社会通行的密码，"文化是公众所有的，因为意义是公众所有的"❹。

由此，可以说，"年味""有意思"指的就是一种春节本身所具有的、为社会共同认定的"意义"的主观体验或感受。如果要弄清楚什么是"年味"和"有意思"就需要弄清楚春节本身所具有的、为社会共同认定的"意义"。那么，到底什么是符号，什么是意义呢？有学者给出的定义是，"符号是携带意义的感知：意义必须用符号才能表达，符号的用途是表达意义"❺，"意义就是一个符号可以被另外的符号解释的潜力，解释即意义的实现"❻。也就是说，一方面符号和意义是一体的，不可分割，"符号就是意义，无符号即无意义"❼。另一方面意义即是用符号对于符号的解释。也正因为如此，人类文化既是一个符号体系，也是一个意义之网，人类在面对任何文化事物的时候，都是用符号的眼光去理解和解释的，即去体验和表达其中的"意义"。

---

❶ ［美］克利福德·格尔茨：《文化的解释》，韩莉译，译林出版社1999年版，第5页。
❷ ［美］克利福德·格尔茨：《文化的解释》，韩莉译，译林出版社1999年版，第109页。
❸ ［美］克利福德·格尔茨：《文化的解释》，韩莉译，译林出版社1999年版，第5页。
❹ ［美］克利福德·格尔茨：《文化的解释》，韩莉译，译林出版社1999年版，第15页。
❺ 赵毅衡：《符号学原理与推演》，南京大学出版社2011年版，引论第1页。
❻ 赵毅衡：《符号学原理与推演》，南京大学出版社2011年版，引论第2页。
❼ 赵毅衡：《符号学原理与推演》，南京大学出版社2011年版，引论第3页。

据此我们可以知道，春节是一个充满了符号的节日，是一个符号体系，其中表达着多种意义，而这种意义一方面具有客观性，即社会共同认定的春节所具有的意义；另一方面，这种客观性中包含有主观性，体现在人们对春节的主观体验和感知。由此，我们可以从客观和主观两个方面来考察春节的意义及其变化。

首先，笔者以对一部分原村人的前期访谈为基础，总结出原村人共同认定的春节的"客观的"意义，这主要包括吉祥、祈福、热闹、欢乐、团圆、亲情、享受、追溯、清洁、新的更始、社会关系网络、社会位置等。比如，对于走亲戚的仪式，他们都认为其中存在着"亲情""互惠"和"社会关系确认"的意义；对于年夜饭，他们都认为其中存在着"团圆""欢乐"和"祈福"的意义。然后，笔者用便于调查沟通的村中人的语言代替总结出来的春节"客观意义"的表达词汇，包括：用吉祥代表吉祥、祈福，用热闹代表热闹、欢乐，用团圆代表团圆、亲情，用走亲戚代表亲情、社会关系，用清洁干净代表清洁和新的更始，用喝酒代表享受和社会关系，用吃好饭代表享受，同时在调查问卷中增加了相应的问题，用于分析村中人对春节的主观意义感受。

调查发现，原村人在回答有关春节主观意义的问题时，选择"团圆"一词的次数最多，达50次，也就是说可以认为在他们的主观世界里过春节的意义是包括"团圆、亲情"的，就此可以记作团圆、亲情出现了50次；其次是热闹，有40次，即在他们看来，过春节的意义是包括"热闹、欢乐"的，就此也可以记作热闹、欢乐出现了40次；再次是吉祥，出现了38次，就此可以记作吉祥、祈福出现了38次；接下来是清洁干净，出现了18次，走亲戚出现了16次，喝酒出现了10次，吃好饭出现了5次，其他——包括朋友相聚1次、联络感情1次、沟通感情1次，就此可以记作清洁干净、新的更始出现了18次，亲情和社会关系出现了 16 次，享受和社会关系出现了 10 次，享受出现了 5 次，其他的"朋友相聚""联络感情""沟通感情"可以认为是亲情和社会关系各出现 3 次。综上，亲情分别出现了 50 次、16 次、3 次，共计 69 次，团圆出现了 50 次，热闹和欢乐出现了 40 次，吉祥和祈福出现了 38 次，社会关系分别出现了 16 次、10 次、3 次，共计 29 次，清洁和新的更始出现了 18 次，享受分别出现了 10 次、5 次，共计 15 次。其具体情况表 5 - 1。

表 5 - 1　原村人主观上所认为的春节意义

春节的意义项	代表词语组	计数（次）	总计数（次）	位置排序
吉祥	吉祥	38	38	4
祈福	吉祥	38	38	4
热闹	热闹	40	40	3
欢乐	热闹	40	40	3
团圆	团圆	50	50	2
亲情	团圆	50	69	1
	走亲戚	16		
	其他	3		
社会关系	走亲戚	16	29	5
	喝酒	10		
	其他	3		
享受	吃好饭	5	15	7
	喝酒	10		
清洁	清洁干净	18	18	6
新的更始	清洁干净	18	18	6

可以看出，对于原村人而言，春节的意义集中在团圆和亲情、热闹与欢乐、吉祥与祈福，在排序中它们名列前三位，而享受，包括物质享受和闲暇享受，则已退居次要地位。也就是说，过春节在原村人

看来最重要的意义是亲情，而最不重要的意义就是享受。传统上，春节具有庆祝和狂欢的性质，享受一直是其中的一项重要内容。这可以从笔者对一些原村年长者的访谈中得到佐证。在笔者和访谈者聊起春节时，年长者回忆起以前过年，谈论最多的就是吃不好、穿不好，是过日子的艰辛，他们的话语里常有"过年才能吃上白面""全家过年才能买上几两肉"之类的表达，他们还会用村中的谚语，"走亲戚走到初五六，又没馍馍（馒头）还没肉"来说明走亲戚走得太晚，就会让人家没有办法招待，进而说明日子的困苦。正因为日子的艰辛，所以春节时候的享受便也显得非常可贵、重要。用原村人的话说就是一年中"就盼着过年吃点好东西，玩玩"。在访谈时，笔者还听到其中一位访谈者说起她年少时候的事情。这位访谈者 30 多岁，是村中一位普通妇女，据她说，小时候家里穷，平时都穿得破破烂烂的，只有过年的时候才偶尔能穿上新衣服，有一年春节，为了与妹妹争穿一件新衣服，竟然打了起来。这件事让她至今记忆犹新，而她说的时候也不觉得当时争新衣服打架有什么不妥，在她看来，那都是"太穷，平时没衣裳穿"造成的。现在，由于生活水平的提高，家庭的日常生活比以前过年时还好，正如在调查中原村人所说，"现在每天都在过年"。因此，以前过春节时享受的意味很重，现在这种意味已大为降低。另外，由于季节变化和与此相关的农业生产周期的安排，春节往往是冬季休产期的尾声，春节意味着新的一个生产周期将要开始，所以春节有洁净去旧、迎接新的更始的意义，但现在由于农业在家庭收入中的比重下降，人们进城务工并不是以春节为旧的周期的结束点和新的开始点，所以，清洁和新的更始的意义也在下降，滑落到倒数第二位。

　　总而言之，"年味"或者说人们所体验的春节的意义，就原村人而言，有一个变化，即现在人们更看重春节的精神方面的意义，如团圆和亲情、热闹与欢乐、吉祥与祈福，而不再如以前那样更在意春节的物质方面的意义，如春节时吃穿上的升级与享受。而精神方面的意义，如团圆和亲情、热闹与欢乐等，是个体自身所不能够单独实现的，只有从与他人的社会互动中才能够获得。而"精神方面"的意义，如团圆和亲情、热闹与欢乐等，是个体自身所不能够单独实现的，只有从与他人的社会互动中才能够获得，主要来自于集体仪式。年味之所以原来越淡了，是因为春节中集体仪式的减少以及集体范围的减少，在现代社会中，人们更多地以家庭为单位来过春节，而不再涉及更大的集体单位，例如宗族、社区等，以这些更大的集体为单位的仪式也在减少，年味自然也会越来越淡。

2. 春节仪式的外在形式变化

上文中，我们简略讨论了原村人主观体验到的、同时也是原村人所共同认定的社会性的春节"意义"及其变化，这里，我们要讨论的是原村春节仪式在形式上的变化。正如上一章所描述的，本书将原村的春节仪式分为了三类：以家庭、家族为单位的仪式，包括"上林"或墓祭、"请祖""祭灶"、贴祭对联和门神等；以村庄为单位的仪式，包括"放送孔明灯""全村拜年""送火神""拉火鞭"等；跨村庄的春节仪式，包括"走亲戚拜年""过十五""过寿"等。而且，我们可以看到，这些仪式的变迁是不一样的，有的仪式已经基本消失了，如"请祖""过十五""放送孔明灯"；有的仪式虽然没有消失，但在内容上有所改变，如"拉火鞭""全村拜年"；有的在形式上有所变化，如"走亲戚拜年""过寿"；有的仪式却无论在形式上还是在内容上都基本上没有什么变化，如"上林""祭灶""送火神"等。

美国人类学家哈维兰曾经将文化变迁分为自主性变迁和强制性变迁。其中，自主性变迁是那些能自由地自己决定接受还是不接受的变迁，包括创新、传播和文化遗失。

文化创新指的是"在一个群体内部所广泛接受的所有新的做法、工具或原理"❶。文化创新的类型有首次创新和二次创新两种。首次创新是"涉及对一个新原理的偶然发现的活动"❷，比如人类在偶然的情况下发现了"摩擦起电"，再比如人类偶然发现了"火烧黏土可以使之永久性地变硬"的原理。二次创新是"那些由对已知原理的有意应用而产生的事物"❸，如利用"火烧黏土可以使之永久性地变硬的原理"以制造陶器，利用对电的原理的认知并结合其他知识以发明电灯、电视、电影等。

传播（diffusion）指的是"一个社会的成员向另一个社会借用文化元素的过程"❹，在此过程中会引起借用者的文化的变迁。美国人类学家拉尔夫·林顿曾经认为，任何一种文化的 90% 的内容都是文化借用而来的，而另一位美国人类学家罗伯特·罗维有句类似的、说明文化借用重要性的名言，"我们的现代文明更是从四面八方东拼西凑起来的一件百衲衣。"❺

文化遗失指的是某些文化特质消失不见了。又可以分为替代性文化遗失和非替代性文化遗失。❻ 前者是新的文化特质出现代替了旧的文化特质，如电子计算器代替了算盘，汽车代替了马车，等等。后者指的是文化特质在没有替代物的情况下消失了，如又臭又长的裹脚布是

---

❶ ［美］威廉·A. 哈维兰：《文化人类学（第十版）》，瞿铁鹏等译，上海社会科学院出版社 2006 年版，第 457 页。

❷ ［美］威廉·A. 哈维兰：《文化人类学（第十版）》，瞿铁鹏等译，上海社会科学院出版社 2006 年版，第 457 页。

❸ ［美］威廉·A. 哈维兰：《文化人类学（第十版）》，瞿铁鹏等译，上海社会科学院出版社 2006 年版，第 457 页。

❹ ［美］威廉·A. 哈维兰：《文化人类学（第十版）》，瞿铁鹏等译，上海社会科学院出版社 2006 年版，第 461 页。

❺ ［美］罗伯特·路威：《文明与野蛮》，吕叔湘译，三联书店 1984 年版，第 13—14 页。

❻ ［美］威廉·A. 哈维兰：《文化人类学（第十版）》，瞿铁鹏等译，上海社会科学院出版社 2006 年版，第 463—464 页。

不再存在了，古代女子"三从四德"的观念在今天也消失了，等等。

除了上面的自主性变迁，便是强制性变迁，它包括涵化、有指导的变迁等。而有指导的变迁实际上可以算是文化涵化的一个极端类型。

文化涵化指的是两种或两种以上的文化在长时间相互接触中，由于一方或相互之间借用对方的文化特质，而造成一方或双方原来文化形式发生较大变化，从而使双方文化相似性不断增加的过程与结果。文化涵化的概念是1880年美国民族学局首任局长约翰·韦斯利·鲍威尔在其《印第安语言研究导论》中首次提出的。1905年，由德国学者格莱博纳等介绍到欧洲，以后成为研究社会、文化变迁的一个重要而常用的概念。文化涵化"总包含强迫的因素"❶，或表现为直接的武力征服，或表现为潜在的强力的威胁。

有指导的变迁指的是文化在外界的强制下，根据强制所规定或所限定的方向、形式等而发生变化。

根据哈维兰对文化变迁的类型的讨论以及原村春节仪式外在形式变化的实际情况，我们可以大略地对其进行归类。明显地，根据本书上一章的描述，"请祖"是属于强制性变迁，是有指导的变迁，因为这种仪式的消失是由于行政力量的干预和强制，而其他的变迁则都属于自主性变迁。具体地，"过十五""放送孔明灯""拉火鞭"属于文化遗失，前两者属于非替代性文化遗失，后者属于替代性文化遗失；"走亲戚拜年""过寿"和"全村拜年"的变化则不太容易归类，前两者大致上属于一种二次文化创新，因为"走亲戚拜年"应用了新的交通工具，"过寿"应用了新的货币形式的礼物来代替旧的物质性的礼物，而"全村拜年"大概正处于文化遗失的前夜，或者说将来可能成为一

---

❶ ［美］威廉·A. 哈维兰：《文化人类学（第十版）》，瞿铁鹏等译，上海社会科学院出版社2006年版，第64页。

种文化遗失。由此，原村春节仪式的外在形式的变迁情况大致如表
5－2。

表5－2　原村春节仪式外在形式变迁情况

仪式类型	仪式名称	变迁类型
以家庭、家族为单位的仪式	上林或墓祭	无变迁
	请祖	强制性变迁
	祭灶	无变迁
	贴祭对联和门神	无变迁
以村庄为单位的仪式	放送孔明灯	非替代性遗失
	拉火鞭	非替代性遗失
	送火神	无变迁
	全村拜年	可能的文化遗失（式微）
跨村庄的仪式	走亲戚拜年	文化创新
	过寿	文化创新
	过十五	非替代性遗失

第二节　变迁原因：身边的国家、市场与社会

正如本书第一章所论述的那样，对传统的变迁问题，希尔斯也进行了讨论。在希尔斯看来，传统变迁的原因可能来自于内部，也可能来自于外部。其中，来自于传统内部的变迁因素主要有"理性化""效果考验""信任和情感的改变""克里斯玛人物""各种反传统主义的传统"——科学主义、进步主义反规范主义、虚无主义等。来自外部的因素主要有"与他者互动""外部环境变化"两类，而环境因素包括政治环境、经济环境、技术环境等。同时，本书第一章在论述"现代性"的时候也说明了，社会学者们对于走向"现代性"的动力的讨论，不同的学者提出了不同的观点。马克思认为"资本主义"是走向现代性并决定现代性面貌的根本动力，"现代性"的根本特征就是"资

本主义"。在现代社会中，无论是在政治领域，还是在经济、文化领域，都充斥着资本主义的逻辑，"现代性所呈现的社会秩序，在其经济体系和其他制度方面都具有资本主义的特征，现代性之躁动和多变的特征被解释为投资—利润—投资循环的后果，这种循环与总体利率的降低趋势相结合，产生了一种为其体系扩张所需的恒常性配置。"❶ 涂尔干认为，现代社会是一个基于复杂的劳动分工和专门化之上的工业主义的社会。劳动分工和工业主义是走向现代性的最重要的动力。韦伯认为，理性化，特别是工具理性的盛行，是现代性最大的特征，在现代社会中工具理性不断扩张并制度化，最明显地表现在权力和经济两个领域，即在国家的官僚机构和经济领域的现代企业组织中，两者都实行的是充满了工具理性的科层制。哈贝马斯接续韦伯对于现代性的判断，认为现代性的问题根源即在于以单一的工具理性取代了或者说篡夺了理性的地位，因此，要重建现代性就是要通过交往理性来重建理性。吉登斯则认为现代性具有多维性，从制度上看，现代性包括资本主义、监督、军事力量和工业主义等四种设置。四种设置之间是相互勾连，相互影响，共同发挥作用的。

可以看出，希尔斯对传统变迁的原因分析，与社会学中学者们对于走向现代性，也就是传统改变的分析有所不同，但两者之间也并非矛盾的，只是前者更多的是从文化的角度所进行分析，后者更多的是从社会的角度进行分析。在这里，笔者的做法是，借鉴他们的不同的观点，根据原村春节仪式变迁的实际，总结出影响其变迁的不同因素，并提炼出若干最终的影响因素。由此，根据本书以上章节的描述与讨论，笔者认为，影响原村春节仪式变迁的因素至少包括生计方式、人

---

❶ ［英］安东尼·吉登斯：《现代性的后果》，田禾译，译林出版社2000年版，第9—10页。

口流动、留村时间、信息、舆论、情感态度、替代方案、身边的国家、社会组织等因素。

1. 生计方式

无疑，生计方式对于原村的春节仪式及其变迁存在着影响，这种影响既包括直接影响春节仪式的变迁，也包括对于其他影响春节仪式的变量的影响。

在中国传统的以定居农业为主的生计方式下，人们的生活被确定了两个特征，一个是定居生活，一个是生产的周期性。定居导致了家族聚集、重视血缘及地缘关系，生产的周期性则影响了人们的生活方式和时间观念。

首先，缺少流动的定居生活使得家族聚集，由婚姻而结成的亲属关系也在"可得"的一定地域之内，从而使得天然的血缘尤其得到重视，家族的地位变得非常突出。此时，作为大多数社会中基本的组成单位，家庭不再单单是纯粹的家庭，它开始以分裂、再分裂的共同体——宗族的面目出现。宗族综合了诸多的社会关系，成为参与社会经济、文化、生产等诸多功能的一个组织。一方面，很多时候，社会中的人不是以个人的面目，而是以家庭的形式出现的，在出席亲戚的婚丧嫁娶场合，在参与宗族事务时，个人都不再是个人，而是他所在家庭的代表。一个人如果不成家，那么他永远是原来的家的一部分，他的出现都不会是代表他自己。另一方面，家庭不是以单个家庭的面目出现，而是以宗族的面目出现，特别是在利益分配时，宗族会成为一种分类依据，从而将另外一部分人排除在外。这种以家庭、宗族为基础的社会结构自然会体现在春节期间的仪式上。以原村为例，在春节期间的"上林"或"墓祭"祖先仪式不是以家庭为单位，而是以宗族为单位，这种仪式是对同一宗族关系的展演和再确认，是对自我宗族力量的一种展示。

缺少流动的定居生活也让地缘变得重要，人们不得不重视与自己朝夕相处并将在一生中相伴的邻居，"远亲不如近邻"遂成为一句格言。这体现在春节仪式中，就是对地缘关系的一种尊重，如在原村，全村拜年仪式超越宗族范围，而将全村范围内所有姓氏都作为拜年对象，就是一例。

　　其次，定居农业的生计方式也影响到人们的时间观念。在农业生产中，时间是一个模糊的、不需要清晰准确的概念。时间只是被大体分为农忙时间和农闲时间，农忙时间是按照二十四节气耕作，农闲时间则是无所事事和享受的时间。这时，时间衡量并不是精确到分、秒，一年被分为四个季节，二十四个节气，十二个月，三百六十多天，每天被分为十二个时辰，这些都是模糊的测量。其中最需要关注的是二十四节气，只要不晚了节气，误了农时，天与天之间的差别是不需要怎么在意的，用一句原村里的话说，就是"早一天晚一天不要紧"。具体到每天的农事操作，人们也是不怎么将时间当回事，所以地头田垄的休憩、聊天是常见的情景。农忙时间尚且如此"将时间放松"，农闲时间更不用说，就是将日子耗尽或者换一种说法是将日子享受度过。春节就是在这样的时间观念下确立的一种农闲时间的超级长假。

　　生计方式，以及它参与形成的社会文化结构和时间观念，影响着春节仪式的运行，也影响着春节仪式的变迁。以原村为例，人们的生计方式原来是以典型的定居农业为主，而以农闲副业为辅，现在由于远程务工，农业逐渐从一种主要行业变成为一种保障性的行业，村中开始了一种缓慢的非农化过程，重视血缘、地缘的社会文化结构在削弱。同时，生产的周期也在被慢慢打破，人们的时间观念从农忙和农闲的二元模糊划分中精确起来，春节不再仅仅是农闲时间的漫长的节日，而成为务工时间之外的"短暂而难得"的节日，由此原村人春节仪式也因之发生变化，如因为在村中留住时间减少，人们相互之间的熟悉程度降低，全村拜年中地缘因素的重要程度随之降低，表现为逐渐缩小了拜年范围。再如，由于春节在家时间短，走亲戚被压缩在短短的几日，再也不如以前那么从容和讲究，从通常的一天一家，改为一天几家。

另外，农业定居生活也造成了熟人社会的形成，从而形成了以乡村熟人社会为基础的乡土社区舆论。在微观层面，特别是在中国传统的乡土社会里，社会舆论担负着对与之相应的社会结构的春节仪式进行的监督角色，如村中对不早起拜年的人的指责，对村中"上林"队伍的人数多少的评判等，都促使人们按照"社会规定的仪式形貌"作演出。如第二章所述，生计方式的非农化也使得乡土社区舆论发生着变化。

2. 人口流动和居留时间

对于原村的春节仪式的变迁来说，从 20 世纪 90 年代中期开始的大规模的进城务工潮，也就是人口流动起到了至关重要的作用。一方面，人口流动冲击了乡村社会中的地缘结构和血缘结构，消减着传统的家族、邻里关系的影响，让那些基于血缘、地缘和婚姻关系的集体仪式开始式微或消失，如"全村拜年""过十五"。另一方面，人口流动还通过造成其他影响春节仪式的变量的变化而影响春节仪式。一是人口流动意味着进城打工的人们越来越多，人们留居在村中的时间越来越少，大部分人与村子的联系不再那么紧密，原村不再是他们"生于斯，长于斯，死于斯"的终其一生不可离开的地方，在人们对于村子里的人、事不断隔膜和淡漠的同时，由于居留时间变短，不得不迎合城市里的工作时间，也造成了"走亲戚拜年"和"过十五"仪式的变迁。二是人口流动意味着人们逐渐走出"地方性"，开始与原来他们依靠乡村"文化网络"所不能达到的、也是他们所不关心的外界接触与互动。这些接触和互动促成了包含有他者的参照系的建立，随之可能造成自我认同的增加，也可能造成自我文化的变迁。现阶段，由于农村经济力量相对不敌和传统上对城镇所代表的大传统的一种价值更高的认同，在国家认同统一的前提下，乡土社会中的人口流动，造成了自我文化的变迁，即导致地方性在某种程度上慢慢消失和对城市文化模式的膜拜、仿效。以原村为例，春节仪式中元宵节集体烟火中礼花取代了传统的烟火，是对城市元宵节行为的一种仿效；年轻人看轻大年初一的全村拜年，并不愿意早起拜年，或者干脆不拜年，也是引用城市中人并不如此作为一种理由支持的。

3. 舆论

正如本书第二章第五节所论述的，在乡村社会中，舆论是一种自发的、基于乡土社会的、常常针对私人事务、具有浓厚道德评价性质和参与范围限制的具有某种一致性的公众言论。它是基于乡村的熟人社会特征而产生的，对于春节仪式具有监督和维持的功能。然而，根据笔者调查，原村的社区舆论出现了明显的变化。一是由于村中人生计方式从以农业为主，逐渐变为以远程劳务输出为主，平时原村人在村中生产生活的时间大幅减少，这造成了彼此的不熟悉，笔者曾经调查过一些一年有十个月左右时间在城市里务工的人，他们都表示，自己对村中新结婚进村的人和一些小孩子并不认识。二是由于生计所迫，留在村中的人也会在田地中无事时去不远的地方做工，离土不离乡，如去镇上养蚕服务站打短工，或者在周围地方为别人建房子等，这使得留守的原村人的空闲时间也开始减少。三是由于生活半径的扩大，原村人的目光关注点越来越指向外界，而不再完全集中在身边人身上。这些都造成了原村社区舆论系统在削弱，从而也使得村中舆论对春节仪式的监督和维持作用在减弱。无论如何，原村村中存在的舆论系统是特定的社会结构下存在的社会规范和价值观的外化，当社会结构发生变化，其对春节仪式所发挥的作用自然也就随之发生变化。这是一个传导的过程。

4. 信息、"他者" 与替代方案

人口流动、电视和网络等传媒的出现，一方面让原村人所能够获得的信息量比原来大为增加，信息流量的增加在消除信息不对称、促进商品交换的同时，也促动了一种文化的交换。如果说人口流动是一种"在场"式的与他者互动的方式，那么电视和网络等传媒实际上是一种"非在场"式的接触他者的方式。在传统上，原村人的信息基本上也是一个封闭的体系，被封闭在周围几个村庄之内，人们实际关注和可以关注到的信息也在这个范围内。因此，信息流量的增加，如同人口流动一样，也造成了一个"他者"的出现，人们开始在春节仪式上审视与比较自我和他者，开始明白在春节仪式上有"替代方案"的存在，并多少会借鉴这"替代方案"而改变自己在春节期间的仪式行为。例如，"过寿"时用红包取代传统的物质礼物，元宵节烟火中用礼花取代"火鞭"。

5. 身边的国家力量

在春节仪式的传承和变迁过程中，国家力量是一个重要的因素。宏观上，在近代以前，国家制定了历法，规定了夏历新年的固定日期，促使夏历新年作为一个传统仪式民俗得以形成。同时，在夏历新年整个变迁的过程中，其内容里也有国家力量的印记，如元宵节的形成。据研究，夏历正月十五被确定为元宵节是在汉朝，其源头被认为是在汉文帝时候。西汉初年，刘邦死后，吕后专政，诸吕用事。吕后死后，刘邦的一些开国元勋们平定了诸吕，汉文帝由代王入主，成为皇帝，即历史上的汉文帝。因为平定诸吕是在正月十五日，所以汉文帝在这

一天常常夜出游玩，与民同乐，并确定这天为元宵节。到了其孙子汉武帝时候，因为祭祀太一神，其中正月十五日最为隆重，此日在甘泉宫的祭祀通宵达旦。汉朝虽然实行宵禁，但这天却特地开放夜禁。在司马迁创建"太初历"时，遂将元宵节列为重大节日。东汉明帝，为了弘扬佛法，下令在正月十五夜在宫廷和寺院燃灯表佛，元宵节观灯就此开始。❶ 到了隋代，隋炀帝为了追逐享乐，每逢正月十五，都要在皇城端门外设下数里戏场，调集数万人，通宵歌舞'，元宵节俗的观念由此而一发不可收。❷ 再经唐、宋、明等朝廷的提倡，遂形成了今天春节期间与除夕并列的两大节日。

　　近代以后，国家力量对夏历新年的影响更甚，夏历新年的名称变为年与春节合而为一，便来自于国家力量，夏历新年的内容也在国家破旧立新的意图下不得不改变。在原村，国家力量也扮演了类似的角色，如上文所述，国家力量的干预曾造成了"请祖"仪式的消失，也曾制止过跪拜拜年。

　　韦伯认为，国家是通过对暴力合法使用权的垄断而宣布在一定地域内拥有制定具有约束力的规则的权力。国家对春节仪式的影响，主要是通过制定具有约束力的规则，作出一定的秩序安排。国家力量出于一定的目的，对春节仪式制定了种种规则，如通过制定春节放假时间，规定了春节的庆祝时间；通过制定烟花燃放规则，规定了春节的烟火秩序。此外，还通过对社会力量的挤压，剥夺社会力量在春节仪式中固有的角色，从而对春节偏离国家认为的"不合理"的内容进行校正。国家力量对春节仪式的秩序安排，突出表现在近现代时期。这一时期，国家对春节的理解和态度由陈旧落后和需要抛弃，发展为可

　　❶ 周耀明、万建中、陈华文：《汉族风俗史》（秦汉·魏晋南北朝汉族风俗），学林出版社2004年版，第181、182页。
　　❷ 钟敬文主编：《民俗学概论》，上海文艺出版社1998年版，第141页。

以容许但需要改变，再发展为允许传统与现代共存。也就是说，这一
时期，国家对春节有一个自己的理想想象和由此产生的秩序要求。

　　无论如何，春节仪式的变迁中之所以充满了国家力量的烙印，是
因为国家基于自己对春节的理解而对其加以改造，使之符合自己所认
为的理想想象和秩序要求。但值得注意的是，正如本书第二章第四节
所讨论的那样，国家并不是一个均匀分布的统一的整体，而是具有层
次性和非均匀性，乔尔·米格代尔便将国家概念细分为最高决策中心、
中央政府、地方政府和执行者四个层次。在研究国家力量对于春节仪
式影响的时候，应该更多地关注国家的底层部分即执行者层次，对于
原村春节仪式而言，就是原村人身边的国家力量——村组织及其任职
人员。

　　当然，国家力量对春节仪式的基于理想形象和秩序要求的安排和
干预，并不是总是能够完全达到目的。宏观上的例子，如在 1928 年
5 月 7 日，时南京政府内部决定"实行废除旧历，普用国历"，企图
改变 1912 年以来公历、农历共存的制度。1930 年 4 月 1 日，南京政
府把贺拜、团拜、祭祀祖先、春宴、观灯、扎彩、贴春联等习俗
"一律移置国历新年前后举行"，即今天所谓的"元旦"前后举行，
但今天的事实表明，祭祀祖先、观灯、贴春联、贺拜等依然在新年期
间举行。❶ 微观上的例子，如在原村，"请祖"仪式最终因为身边的国
家力量烧毁了请祖画卷而消失了，但磕头拜年却并没有因为原村人身
边的国家力量的禁止而消失。

6. 民间社会组织

　　民间社会组织是其成员按照一定的宗旨和原则，自愿组成的非营

---

❶ 陈连山："春节民俗的社会功能、文化意义与当前文化政策"，载《民间文化论坛》
2004 年第 5 期，第 9—15 页。

利性质的非官方社会组织的总称，具有民间性、自治性、非营利性等特点。广义上，民间社会组织可以包括除了政府组织和企业组织之外的所有非营利性组织，家族和宗教组织也包括在内。以国家—社会的分析模式来看，民间社会组织是社会力量的代表，是国家力量之外的人们的自主性和正当权利的组织基础。一般来说，民间社会组织与小传统关系密切。一方面，民间组织可以是小传统的具体创造者。"民间组织的重要性体现在它为人们提供了首创性的、自主的、公共而相互联结的、有个性的行动，也相应地培养了人们这些方面的能力。"❶ 这种首创性可以表现在经济、文化等各个方面，如根据学者研究，中国的股份所有制就是从民间呈会这一经济互助组织中发展起来的。❷ 考察春节仪式，可以发现春节期间的许多仪式都与宗教有关。例如，祭灶王是对灶神的一种信仰；贴门神是为了驱鬼，而其最初的来源是对神荼、郁垒二神的信仰❸；元宵节观灯本是佛教组织所创造的燃灯纪念佛祖的活动；腊八粥是中国古代早期风俗与佛教组织在腊月初八舍粥纪念佛祖大彻大悟的结合。❹ 另一方面，民间社会组织也可以是小传统的具体操作者。以家族而言，它不仅规定了家族内部相互认同、互有权利和义务的关系以及由此产生更广泛一种社会关系网络，而且还是有关家族事项的具体运作者，如在春节中，祭祀祖先便是家族所组织的。在原村，基督教徒在正月初一凌晨去教堂感谢主恩与庆祝新年，实际上也是由村中传道员所组织的。

　　民间社会组织作为社会力量的代表，与国家力量之间一直是你中有我，我中有你的关系，在乡村社会中，国家力量常常陷落于社会之

---

❶　夏松：《民间组织与社会资本的运作研究》，安徽大学硕士论文，2007 年。

❷　叶大兵："民间"呈会"习俗与现代股份所有制——论温州经济模式与温州民俗文化之一"，载《民俗研究》2002 年第 2 期，第 10—18 页。

❸　徐华龙："春节源于鬼节考"，载《浙江学刊》1997 年第 3 期，第 95—100 页。

❹　萧放、许明堂：《春节》，中国社会出版社 2006 年版，第 14 页。

中，但也对社会有所约束和挤压。在春节仪式中，民间社会组织有着自己的传统角色，如首创春节仪式的内容、作为春节仪式的主体再生产春节仪式，等等。但在对春节仪式的秩序安排中，民间组织社会受到来自国家力量的约束和挤压。自近代以来，由于民族国家构建和国家建设运动，在乡村社会中，国家力量对于社会的约束和挤压不断加剧，特别是新中国成立后到改革开放前的"全能主义国家"时期，形成了"极强国家，极弱社会"的状态，民间社会组织变得非常微弱甚至到了可以忽略的程度，在春节仪式中的角色也随之变得可有可无。改革开放后，这种状况有所改变，民间社会组织开始重新恢复自己在各个领域的传统地位，包括在春节仪式中的角色地位。一方面，家族重新开始组织和举行基于它之上的仪式，原村的"上林"或"墓祭"祖先即是具体表现。另一方面，宗教组织也重新出现和发展，在原村，宗教组织虽然只是一种组织涣散、囿于一村之内、只具有"纯粹"的宗教职能的微弱力量，却也在悄然改变着春节仪式。例如，信仰基督的人家并不张贴传统的门神、对联，而选择在门户上张贴与基督相关的文字，他们也不参加跪拜拜年和祭祖时候的跪拜祭祀等。

7. 身边的国家、市场与社会互动下的原村春节仪式变迁

以上是对于影响原村春节仪式的因素的分析列举和简单论说，从中我们可以看到，上述诸种因素之间并不是相互独立的，许多因素是相互作用的。例如，人口流动不但直接影响春节仪式，还影响到居留时间、信息获取、生计方式、他者等因素，而国家力量——政府的政策则影响到了人口流动的形成与规模壮大。另外，有些因素都受到了其他同一因素的影响。例如，人口流动、民间社会组织两者都受到了国家力量的影响，国家政策的变化和自身的伸缩在很大程度上影响了这两者。由此，我们可以将影响原村春节仪式变迁的因素分为直接因

素和最终因素。根据上文的论述，笔者认为，生计方式、人口流动、居留时间、舆论、信息、他者、替代方案、身边的国家力量、民间社会组织等都属于直接因素，但对其进行化简，可以归结为身边的国家力量、民间社会组织与市场三种因素。其中市场在这里指的是配置资源的市场机制，是从生计方式、人口流动、居留时间、信息、他者、替代方案等因素中"提取"出来的，因为市场对这些因素都有影响，这些因素的出现或变化不但受到了国家力量的影响，也受到了作为配置资源手段的市场机制的影响。这些因素的出现或变化，以及它们对于原村春节仪式变迁的影响，正是我国从国家全面配置资源的计划经济时代转向以市场作为配置资源的主要手段的市场经济时代才开始的。在促使传统变迁方面，有时候市场机制比国家力量更加有效。例如，在原村，国家力量曾经禁止磕头拜年而没有成功，而在市场机制配置资源的人口流动条件下，人们却渐渐地不再去围绕全村磕头拜年了，甚至原村人自己也认为，随着时间的流逝，磕头拜年终将消失。

鲍曼认为，对秩序的永无止境的追求是现代社会成其为是的最大特征，现代性是关于秩序的生产。❶ 自 1949 年中华人民共和国成立以来，我国追求现代性秩序的主体有一个转变。在 1949 年到 1957 年间，国家一方面将计划经济合法化为其固有职能，1954 年《中华人民共和国宪法》第 15 条规定："国家用经济计划指导国民经济的发展和改造，使生产力不断提高，以改进人民的物质生活和文化生活，巩固国家的独立和安全。"另一方面逐步建立了计划经济的管理机构，如 1952 年建立了国家计划委员会，实行了计划经济的制度政策，1953 年对粮食等主要农产品实行了统购统销政策。这样一方面以计划的手段，使国

---

❶ ［英］齐格蒙特·鲍曼："对秩序的追求"，载《南京大学学报》1999 年第 3 期，第 37 页。

家成为了经济秩序的安排者，另一方面也在 1958 年确立了城乡二元结构，使得限制人口流动和农村补贴城市的重工业主义成为事实。❶ 再者，国家对文化再生产进行了控制，如从 1950 年开始，我国将私立大学全部改为公办大学，又从 1952 年 9 月开始，将全国私立中学全部由政府接办，改为公立。这样，国家就垄断了暴力的合法使用权、资源的日常配置权、文化再生产的控制权，逐渐成为了中国追求现代性的唯一的秩序安排者。

这种情形一直持续到改革开放前。改革开放后，国家的角色定位发生改变，逐渐放弃了追求全能国家的努力，向管理和服务相平衡转变。1992 年，邓小平南方谈话，提出"计划多一点还是市场多一点，不是社会主义与资本主义的本质区别。计划经济不等于社会主义，资本主义也有计划；市场经济不等于资本主义，社会主义也有市场。"❷这标志着国家正式承认了市场具有和国家一样的资源配置权，市场机制得到了价值上的承认，在全国范围内逐渐形成。同时国家也开始允许民间组织在文化再生产方面担当适当的角色，各种社会力量筹办的各级学校、私营杂志社、文化组织等，慢慢发展起来。不过，国家依然保持着安排秩序的权力。这一时期，国家、市场和以民间社会组织为代表的社会成为安排中国现代性秩序的三股主导力量。正是在这三股力量的主导之下，通过上文所说的中间因素，如人口流动、生计方式改变、信息、他者等，才使得原村春节仪式发生了变迁。

---

❶　温铁军：《城乡二元结构的长期性》，载黄平主编：《乡土中国与文化自觉》，三联书店 2007 年版，第 135 页。

❷　《在武昌、深圳、珠海、上海等地的谈话要点》，载《邓小平文选（第 3 卷）》，人民出版社 1993 年版，第 373 页。

第六章　春节仪式的变迁趋势

第一节　春节与"文化遗失"

"年味"越来越淡，春节会不会成为历史，会不会变成一种文化遗失，消失在传统向现代性的转型过程中呢？有人担忧，有人存疑。笔者认为，这种情景不可能出现，在可见的很长的时期内，作为中国人非常重要的一种传统，春节基本上不可能成为一种"文化遗失"。

本书在第一章中提到，希尔斯曾经论述了传统持久而稳定存在的原因，在他看来，这些原因包括认知、利益、认同、便利、神圣性等因素。具体来说，"认知"因素就是指，传统是人们社会化的手段，人之所以成其为人，需要完成从生物人到社会人的转变，而传统是人们社会化所得到的态度与知识的重要来源。"利益"因素就是指，传统与

138

社会中的其他因素纠缠在一起，传统的构建、传承、变迁并不是一件就传统而谈传统的"纯粹"事件，而是与人们的现实利益密切相关的事件，基于利益的考量，人们在不同时期不同情境下对待同一传统的态度可能是完全不同的。"认同"因素就是指，传统是人们构建认同的重要基础，无论是构建民族认同、国家认同，还是构建地域认同、文化认同，人们都需要传统来标识自己的身份与地位。"便利"因素指的是传统的功利性价值，传统可以为人们提供"现成"的、不假思索的知识和规范，为人们的生活提供便利性。"神圣性"因素指的是传统凝聚了人们的强烈的社会情感，人们总会不假思索地维持这种社会性情感，也就是在维护传统。总而言之，希尔斯认为传统的持续性是在"情感与利益""认知与认同""功利与便利"等诸多条件的共同作用下形成的。因此，就传统的前景看，传统并不可能完全消失，"实质性传统将在何处终结？答案是它将永远不会终结。至少，只要人类还生存着它就不会终结。"❶ 鲍曼在论述现代性时也认为，在现代性面前，在现代社会中，传统是不可能完全被清除的，事实已经证明，这种观念和实践已经遭遇到了失败。在他看来，现代性的确是与"传统"相对立的，"瓦解传统"是"现代性的永恒特征"❷，特别是早期现代性，希望将旧有的传统清除一空，但这样做并不是为了"一次性地、一劳永逸地清除传统，并使英勇无畏的新世界永远摆脱它们，而只是要为更新的、更加完善、先进的传统清扫场所；是要用另外一套更为完美先进的传统，来取代原有的残缺不全、弊端重重的传统。同时，由于替代者的完美性，新的传统将是不可变更的"，"这样人们就能有所依

---

❶　[美] E. 希尔斯：《论传统》，傅铿、吕乐译，上海人民出版社 1981 年版，第428 页。

❷　[英] 齐格蒙特·鲍曼：《流动的现代性》，欧阳景根译，上海三联书店 2002 年版，第 8 页。

靠，有所信任，并凭借这一新的传统来使得世界变得可以预料，并因而可以控制和管理。"❶ 也就是说，早期现代性用一种"新传统"来代替"旧传统"，但不幸的是，传统在现代性面前经受住了考验，传统被扔进现代性这个熔炉，但却没有被完全熔解，因为在不同的领域和不同的情境下，现代性的融化能力不同，所以传统依然以这样那样的状态存在着，或借尸还魂，或虽死犹存，或独树一帜。

希尔斯和鲍曼所论述的传统及其在现代社会中的持续性问题，都是就整体意义上的传统而言的，并非特指哪一种或哪一个传统。那么，对于春节这个重要的传统而言，在现代性面前，在现代社会中的前景是不是也是如此呢？虽然就整体意义上的传统而言，它不可能完全被清除，不会彻底消失，但这并不代表春节中具体的某一种传统或某一个传统不会被清除，不会彻底消失。具体到某一种传统或某一个传统，其在现代社会中的命运，在鲍曼看来，应该是取决于现代性的融化能力，而使用希尔斯的分析框架，则需要看其在"情感与利益""认知与认同""功利与便利"等方面的价值。

就春节而言，现代性对其融化能力如何呢？在鲍曼看来，现代性的融化能力实际上就是现代社会中新秩序的融化能力。在他看来，现代性"积淀出了一个新秩序，一个首先首先按经济标准界定的新秩序"，"经济秩序开始控制人类生活的全局，是因为，不管在其他的生活领域里发生何种情况，就经济秩序唯一关注的连绵不绝、持续不断的再生产来讲，它都是毫无意义、不起作用的。"❷ 由此，现代性对传统的融化能力主要取决于经济秩序对于传统的消解能力。对于春节而

　　❶ ［美］齐格蒙特·鲍曼：《流动的现代性》，欧阳景根译，上海三联书店 2002 年版，第 5 页。
　　❷ ［美］齐格蒙特·鲍曼：《流动的现代性》，欧阳景根译，上海三联书店 2002 年版，第 6—7 页。

言，根据本书对原村的调查，现代的经济秩序的确在某种程度上消解和改变着春节，现代社会的经济秩序的再生产过程要求人口、信息的自由流动，同时要求价值的货币化，整体上是要求春节迎合再生产的节奏和逻辑，这对于原村春节仪式造成了很大的影响，"过十五""走亲戚""全村拜年"等仪式的变化可以说明这一点。但现代社会的经济秩序不仅仅是再生产的节奏和逻辑，同时也包括消费的节奏和逻辑，而在消费的节奏和逻辑中，节日虽然会被商业化、货币化和统一化，同时却也会被"虽死犹存"地保持下来。

以希尔斯的分析框架来看，春节也会作为一种传统持续下去，因为春节确实关系到认同、利益、情感等因素。就认同这一方面而言，现在，春节关系到民族认同，春节被认为是华人特有的一种传统，是文化身份的标识。就利益而言，春节一方面可以是经济利益的来源，在市场条件下，成为一种商品化和消费化的春节，春节期间的大采购和旅游潮能够很好地说明这一点；另一方面，春节还关系到国家利益，在 1949 年新中国成立后，当年 12 月 23 日国务院即颁布了《全国年节及纪念日放假办法》，并先后于 1999 年、2007 年、2013 年进行了修订，在四个版本中，春节都一直是国家法定的节假日，而且是其中放假时间最长的节日（之一），从《全国年节及纪念日放假办法》这一标题中也可以看出其重要性，即"年"作为一种节日，是单独列出的。就情感而言，春节作为一种历时悠久的传统，时间本身赋予了它很强的神圣性，凝聚了人们的强烈情感。同时，春节作为一种众多仪式的集合，本身就是一种情感的社会性获得和社会性表达的"舞台"。一般地，人们通过仪式表达情感，也通过仪式获得情感。如最为日常的仪式，全家人围坐吃晚饭，这个时候，每个人通过围坐来表达对家庭成员的温情，同时这种围坐共同聊天、吃饭的仪式，也是人们获得家庭温情的方式。春节仪式也是如此，如人们在春节的祭祖仪式中表达着对于祖先的敬畏之情，同时也从其中学习关于宗族、祖先的知识和态度。

　　总而言之，在现代社会中，传统不会完全消失，作为传统之一的春节，由于与人们的认同、利益、情感等密切相关，而现代社会的新的经济秩序既有消解春节的一面，又有维持春节的一面，所以春节不可能消失，也不会成为一种文化遗失。

第二节　春节可能的变迁趋势

1. 局部性变迁成为一种趋势

　　"传统既是持续性的，又是断裂的"❶，春节从最初的内容和形式演变到当前的情形，经历了一个不断被重构的过程。其重构的特点就是局部性消失和局部性创造，即在内容和形式上，有些消失了，有些被修改了，有些被添加了进来。例如，上文曾提到，元宵节的确定和元宵节观灯都是在历史发展过程中逐渐被添加进来的，并慢慢地与"年"构成了一个连续的春节时期。就原村春节而言，春节仪式中有非替代性遗失，如"过十五""请祖"，都属于春节的局部性变迁，因为它们并没有造成春节本身的消失。本质上，春节是社会性生成的，也参与社会的构建和再生产，同时还是社会结构的一种展演，在社会由传统向现代转型的过程中，春节必然发生改变，这种改变既然不是完全消失，那只有是局部性的改变，表现为春节中某种或某些仪式的消失，或春节中某种或某些仪式的变化，或春节中出现某种或某些新的仪式。

---

　　❶　［美］E. 希尔斯：《论传统》，傅铿、吕乐译，上海人民出版社 1981 年版。

希尔斯认为，传统自身富有弹性，传统本身所包含的元素是复杂的，常常包含有彼此矛盾的元素，如包容与严酷，尚德与尚武，和平与暴力，等等。春节的局部性变迁，也是其本身富有弹性的一个结果。以原村春节为例，其中既有以家庭、家族为单位的仪式，也有以村庄为单位的仪式，还有跨村庄的仪式，既有物质享受的意义，也有精神享受的意义，既有狂欢的成分，也有庄重的成分，既有适应于定居生活和农业生产节奏的成分，也有可以改变而适应于流动与资本主义生产的成分。因此，笔者认为原村春节可以在未来继续传承，至少贴春联、走亲戚、过寿等仪式会保持下去。

2. "地方性" 消减和 "统一性" 增强

春节具有大传统和小传统的双重性质。春节是国家认可的节日，其内容和形式一方面具有某种统一性，特别是在民族国家背景下，一个统一的文化及文化认同是必要的合法性基础，而且，国家力量通过政策、传媒、教育系统、专家系统等，事实上也可以并正在构建统一的文化及其认同。春节也是如此，将其纳入国家法定节假日、中央电视台的春节联欢晚会、关于春节历史和知识的统一的话语等，就是这一过程的最明显的表现。另外，由于乡土社会具有的某种程度上的封闭性，表现为人们的生活范围和信息范围局限在杜赞奇所说的乡村"文化网络"所可能达到的范围，同时人们的眼界也是向内的，由此，春节的内容和形式也具有某种地方性。所以说，春节本身兼具地方性和统一性两面，且两面一体。

但在由传统向现代转型过程中，对于春节的地方性和统一性这一体的两面而言，有利于统一性的因素在逐渐增加和增强。除了上面所说的国家力量的举措，如政策、教育、传媒等，还有市场机制的因素。无论是对于生产还是再生产，抑或对于消费而言，市场都更喜爱统一，而对于差异不太感兴趣，市场所提倡的差异，通常是一种"伪差异"，其喜爱差异的姿态是一种叶公好龙式喜爱，在细分市场上提供差异性产品，绝不是为了某一个人或消费者而提供的，它实际上也是面向足可以带来利润甚至是更多利润的足够的消费者，差异性也是针对群体层次上的差异，是不完全的差异。就原村春节仪式而言，市场所喜爱的统一的、全国性的劳动力市场促进了人口流动，从而造成了原村人逐渐走出地方性，与外界的接触和交往日益增多和深入。市场喜欢统一的消费倾向，让原村人更趋向于采用与其他地方，特别是城市更为一致的方式和方法来度过春节，如在元宵节放礼花而不是"拉火鞭"，或者将来还可能出现原村人如其他地方人一样在"市场"注入的价值观驱动下去春节旅游。

因此，可以谨慎地预期，春节，包括原村春节，未来在内容和形式上的地方性会进一步消减，而统一性将会进一步增强。

3. 意义转换成为必然

春节本身是一个符号系统，包含有物质（春联、灯、鞭炮、饺子、香、烟雾、酒，等等）以及人的语言、行动（如原村的"送火神"）、身姿（磕头）等符号，在一定的情境下，这些符号指示着特定的社会性规定的意义。例如，正如本章第一节所说的那样，在原村，春节的意义包括吉祥、团圆、享受、更始等。但这些意义也在发生着变化，有的意义，如物质享受在减弱，而有的意义在增强，如团圆与亲情、热闹与欢乐、吉祥与祈福，等等。笔者预计在将来，春节所包含的社会性意义有的可能消失，比如享受的意义和祈福的意义，同时可能增加新的意义。

春节的意义之所以能够发生变化，是因为符号系统所指向的意义具有任意性。"任意性原则不仅支配语言，而且支配所有符号系统，是符号之所以为符号的原因。只要是符号系统，必然以任意性为前提，符号的根本性质是'不透明'，自身不能导向意义，必须依靠约定俗称来确定意义。"❶ 这里，"任意性"是索绪尔提出来的符号的第一原则，"在索绪尔看来，符号的能指与所指的关系既是社会习俗所规定的（武断的），又无须理据的（任意的），符号与其意义的结合方式，不可也不必论证。"❷ 也就是说，符号与其意义之间没有先验的、必然的联系，而是社会所规定的，而这种规定具有武断性。例如，是红色代表吉祥，还是白色代表吉祥，是由社会所规定的，而不是个体所能够左右的，对于个体而言，这是社会的武断，而对于红色与吉祥，或者说白色与吉祥之间的联系而言，则是任意的。正是由于符号与所指示的意义之间的任意性，所以符号，包括符号体系，其意义是不断变化的：共时性地看，在不同的文化中同一符号可以指示不同的意义；历时性地看，同一符号或符号体系其意义在不同的历史时期也有所变化。就春节而言，自古至今，其内容和形式在不同历史时期有所变化，其包含的意义在不同的历史时期也有所变化，这是可以理解的。我们考察一下其他中国传统节日的意义变化，就更能够清晰地理解这一点，比如七夕节，众所周知，七夕节作为中国的传统节日，在古代既是妇女娱乐和乞巧的节日，包括有仪式，也有牛郎织女相会的传说，有夫妻团圆之意义，但最近一些年，七夕逐渐变成了"中国的情人节"，增加了爱情和商业消费的意义，而传统的妇女娱乐和乞巧，乃至夫妻团圆的意义，都已经不再为人们所注意了。春节意义的变迁未来大致也会有类似的过程。

---

❶ 赵毅衡：《符号学原理与推演》，南京大学出版社 2011 年版，第 66—67 页。
❷ 赵毅衡：《符号学原理与推演》，南京大学出版社 2011 年版，第 66 页。

参考文献

［1］E. 希尔斯. 论传统［M］，傅铿等，译. 上海：上海人民出版社，1981.

［2］L. A. 怀特. 文化的科学——人类与文明研究［M］. 沈原等，译. 济南：山东人民出版社，1988.

［3］阿诺尔德·范·热内普. 过渡礼仪：门与门坎、待客、收养、怀孕与分娩、诞生、童年、青春期、成人、圣职受任、加冕、订婚与结婚、丧葬、岁时等礼仪之系统研究［M］. 张举文，译. 北京：商务印书馆，2010.

［4］埃米尔·涂尔干. 社会分工论［M］. 渠东，译. 北京：生活·读书·新知三联书店，2000.

［5］爱弥尔·涂尔干. 宗教生活的基本形式［M］. 渠东、汲喆，译. 上海：上海人民出版社，1999.

［6］安东尼·吉登斯. 现代性的后果［M］. 田禾，译. 上海：译林出版社，2000.

［7］安东尼·吉登斯. 现代性与自我认同［M］. 赵旭东等，译. 北京：生活·读

书·新知三联书店，1998.

[8] 巴赫金. 巴赫金全集：第六卷——拉伯雷的创作与中世纪和文艺复兴时期的民间文化 [M]. 李兆林，夏忠宪等，译. 石家庄：河北教育出版社，1998.

[9] 陈力丹. 舆论学——舆论导向研究 [M]. 北京：中国广播电视出版社，1999.

[10] 陈连山. 春节民俗的社会功能、文化意义与当前文化政策 [J]. 民间文化论坛，2004 (5).

[11] 陈政，何健雄，张亨溢，陈晓亮. 逆城市化背景下长沙农民（工）城市融入"内卷化"测度与空间分异 [J]. 云南地理环境研究，2018 (2).

[12] 程世寿. 公共舆论学 [M]. 武汉：华中科技大学出版社，2003.

[13] 邓小平. 邓小平文选：第三卷 [M]. 北京：人民出版社，1993.

[14] 邓正来. 市民社会与国家——学理上的分野与两种构架 [EB/OL]. 爱思想网：http://www.aisixiang.com/data/5658-2.html.

[15] 杜赞奇. 文化、权力与国家——1900—1942 年的华北农村 [M]. 王福明，译. 南京：江苏人民出版，2006.

[16] 费孝通. 江村经济——中国农民的生活 [M]. 北京：商务印书馆，2001.

[17] 费孝通. 乡土中国 [M]. 北京：北京出版社，2005.

[18] 高丙中. 作为一个过渡礼仪的两个庆典——对元旦与春节关系的表述 [J]. 中国人民大学学报，2007 (1).

[19] 高瑞泉主编. 中国近代社会思潮 [M]. 上海：上海人民出版社，2007.

[20] 高怡萍. 汉学人类学之今昔与未来 [J]. 广西民族学院学报（哲学社会科学版），2002 (5).

[21] 葛兰言. 古代中国的节庆与歌谣 [M]. 赵丙祥、张宏明，译. 桂林：广西师范大学出版社，2005.

[22] 郭继民. 人：理性与非理性的纠缠 [J]. 临沂师范学院学报，2008 (1).

[23] 郭萌，董四代. 现代化中的民生问题与社会主义选择——从孙中山的民生主义到中国特色社会主义历史评析 [J] 内蒙古农业大学学报（社会科学版），2008 (6).

[24] 哈贝马斯. 现代性的地平线：哈贝马斯访谈录［M］. 李安东等，译. 上海：上海人民出版社，1997.

[25] 韩运荣，喻国明. 舆论学原理、方法与应用［M］. 北京：中国传媒大学出版社，2005.

[26] 胡继妹. 农民工流动类型的分析及政策建议——以浙江省的长三角城市为例［J］. 理论前沿，2008（14）.

[27] 黄树民. 林村的故事：1949 年后的中国农村变革［M］. 素兰，纳日碧力戈，译. 北京：生活·读书·新知三联书店，2002.

[28] 金耀基. 现代性论辩与中国社会学之定位［J］. 北京大学学报（哲学社会科学版），1998（6）.

[29] 克莱德·M. 伍兹. 文化变迁［M］. 何瑞福，译. 石家庄：河北人民出版社，1989.

[30] 克利福德·格尔茨. 烛幽之光［M］. 甘会斌，译. 上海：上海人民出版社，2013.

[31] 克利福德·格尔茨. 文化的解释［M］. 韩莉，译. 上海：译林出版社，1999.

[32] 孔飞力. 叫魂——1768 年中国妖术大恐慌［M］. 陈兼，刘昶，译. 上海：上海三联书店，1999.

[33] 兰德尔·柯林斯. 韦伯晚年的资本主义理论：体系化［A］//马克·格兰诺维特，理查德·斯威特伯格. 经济生活中的社会学［C］. 瞿铁鹏，姜志辉，译. 上海：上海人民出版社，2014.

[34] 李梦华. 鲁西南"担经"艺术［J］. 文艺争鸣，2011（10）.

[35] 李培林. 村落的终结——羊城村的故事［M］. 北京：商务印书馆，2004.

[36] 李姿姿. 国家与社会互动理论研究述评［J］. 学术界，2008（1）.

[37] 林耀华. 民族学通论：修订本［M］. 中央民族大学出版社，1997.

[38] 刘丽. 新生代农民工"内卷化"现象及其城市融入问题［J］. 河北学刊，2012（4）.

[39] 刘亚平. 忙年［M］. 北京：中国人民大学出版社，1991.

［40］罗伯特·路威. 文明与野蛮［M］. 吕叔湘，译. 北京：生活·读书·新知三联书店，1984.

［41］马克斯·韦伯. 中国的宗教：儒教与道教［M］. 康乐，简美惠，译. 桂林：广西师范大学出版社，2010.

［42］马骊骊. 关于中国民歌"三度创作"的思考——以山东民歌《包楞调》为例［J］. 黄河之声，2010（12）.

［43］马林诺夫斯基. 文化论［M］. 费孝通，等，译. 北京：中国民间文艺出版社，1987.

［44］马泰·卡林内斯库. 现代性，现代主义，现代化——现代主题的变奏曲［A］. //汪民安，等. 现代性基本读本［C］. 开封：河南大学出版社，2005.

［45］潘旦. 增权理论视角下农民工自组织的社交增权功能研究［J］. 浙江社会科学，2017（7）.

［46］彭兆荣. 人类学仪式的理论与实践［M］. 北京：民族出版社，2007.

［47］齐格蒙特·鲍曼. 对秩序的追求［J］. 南京大学学报，1999（3）.

［48］齐格蒙特·鲍曼. 流动的现代性［M］. 欧阳景根，译. 上海：上海三联书店，2002.

［49］齐美尔. 时尚的哲学［M］. 费勇，等，译. 北京：文化艺术出版社，2001.

［50］乔尔·S. 米格代尔. 社会中的国家——国家与社会如何相互改变与相互构成［M］. 李杨，等，译. 南京：江苏人民出版社，2013.

［51］秦晖. "大共同体本位"与传统中国社会［A］. //秦晖. 传统十论［C］. 上海：上海复旦大学出版社，2003.

［52］秦晖. 传统中华帝国的乡村基层控制［A］. //秦晖. 传统十论［C］. 上海：上海复旦大学出版社，2003.

［53］秦琴，方盼盼. 对新生代农民工内卷化现象的探究——以社会资本为切入点［J］. 河北青年管理干部学院学报，2012（2）.

［54］阮云志. 社会舆论及其调控研究［D］. 合肥工业大学硕士论文，2004.

［55］山东省地方志编纂委员会编. 山东省志·民俗志［M］. 济南：山东人民出

版社，1996.

[56] 施坚雅. 中国农村的市场和社会结构［M］. 史建云，徐秀丽，译. 北京：中国社会科学出版社，1998.

[57] 石峰."文化变迁"研究状况概述［J］. 贵州民族研究，1998（4）.

[58] 宋蜀华，白振声. 民族学理论与方法［M］. 北京：中央民族大学出版社，1998.

[59] 孙立平. 改革前后中国国家、民间统治精英及民众间互动关系的演变［EB/OL］. 爱思想网：http：//www. aisixiang. com/data/5864. html.

[60] 田北海，耿宇瀚. 生活场域与情境体验：农民工与市民社会交往的影响机制研究［J］. 学习与实践，2014（7）.

[61] 王春光. 新生代农村流动人口的社会认同和融合关系［J］. 社会学研究，2001（3）.

[62] 王建民. 现代性的主题分化与社会学研究范式整合［J］. 社会，2005（5）.

[63] 王建新，刘昭瑞. 地域社会与信仰习俗——立足田野的人类学研究［M］. 广州：中山大学出版社，2008.

[64] 王铭铭. 社会人类学与中国研究［M］. 桂林：广西师范大学出版社，2005.

[65] 王铭铭. 文化变迁与现代性的思考［J］. 桂林：民俗研究，1998（1）.

[66] 王铭铭. 西方人类学思潮十讲［M］. 桂林：广西师范大学出版社，2005.

[67] 王铭铭. 小地方与大社会——中国社会人类学的社区方法论［J］. 民俗研究，1996（4）.

[68] 王晓群. 舆论系统小议［J］. 中国广播电视学刊，2007（12）.

[69] 王一川. 传统性与现代性的危机——"寻根文学"中的中国神话形象阐释［J］. 文学评论，1995（4）.

[70] 王有邦. 山东地理［M］. 济南：山东省地图出版社，2000.

[71] 威廉·A. 哈维兰. 文化人类学：第十版［M］. 瞿铁鹏，等，译. 上海：上海社会科学院出版社，2006.

[72] 维克多·特纳. 庆典［M］. 方永德，等，译. 上海：上海文艺出版社，1993.

［73］温铁军. 城乡二元结构的长期性［A］.//黄平. 乡土中国与文化自觉［C］.
北京：生活·读书·新知三联书店，2007.

［74］吴晗，费孝通. 皇权与绅权［M］. 上海：上海观察社，1948.

［75］夏建中. 文化人类学理论流派——文化研究的历史［M］. 北京：中国人民
大学出版社，1997.

［76］夏松. 民间组织与社会资本的运作研究［D］. 安徽大学硕士论文，2007.

［77］肖林. "'社区'研究"与"社区研究"——近年来我国城市社区研究述评
［J］. 社会学研究，2011（4）.

［78］萧放，许明堂. 春节［M］. 北京：中国社会出版社，2006.

［79］萧放. 荆楚岁时记研究［M］. 北京：北京师范大学出版社，2000.

［80］萧放. 岁时——传统中国民众的时间生活［M］. 北京：中华书局，2002.

［81］徐华龙. 春节源于鬼节考［J］. 浙江学刊，1997（3）.

［82］叶鹏飞. 探索农民工城市社会融合之路——基于社会交往"内卷化"的分析
［J］. 城市发展研究，2012（1）.

［83］于尔根·哈贝马斯. 现代性的概念——两条传统的回顾［M］.//汪民安.
现代性基本读本［C］. 开封：河南大学出版社，2005.

［84］袁方. 社会研究方法教程［M］. 北京：北京大学出版社，1997.

［85］张勃. 明代岁时民俗文献研究［M］. 北京：商务印书馆，2011.

［86］张勃. 唐代节日研究［M］. 北京：中国社会科学出版社，2013.

［87］张雁.《包楞调》的历史渊源及发展传承探究［J］. 音乐创作，2013（4）.

［88］张岳，熊花，常棣. 文化学概论［M］. 北京：知识产权出版社，2018.

［89］赵秀玲. 中国乡里制度［M］. 北京：社会科学文献出版社，1998.

［90］赵毅衡. 符号学原理与推演［M］. 南京：南京大学出版社，2011.

［91］钟敬文. 民俗学概论［M］. 上海：上海文艺出版社，1998.

［92］钟敬文. 中国民俗史［M］. 北京：人民出版社，2008.

［93］周大鸣. 永恒的钟摆——中国农村劳动力的流动［A］.//柯兰君，李汉林.
都市里的村民——中国大城市的流动人口［C］. 北京：中央编译出版
社，2001.

［94］ 周耀明，万建中，陈华文. 汉族风俗史（秦汉魏晋南北朝汉族风俗）［M］. 上海：学林出版社，2004.

［95］ 庄孔韶. 人类学通论［M］. 太原：山西教育出版社，2002.

［96］ David Harvey. The condition of Postmodernity：An Enquiry into the Origins of Culture Changes. Oxford：Blackwell Publishers ine，1990.

［97］ Derk Bodde，Festivals in classical China：New Year and other annual observances during the Han Dynasty，206B. C. － A. D. 220，Princeton University Press，1975.